本书由
中央高校建设世界一流大学（学科）
和特色发展引导专项资金
资助

中南财经政法大学"双一流"建设文库

创|新|治|理|系|列|

劳动力流动对城乡居民代际收入传递的影响研究

赵颖智 著

中国财经出版传媒集团
中国财政经济出版社

图书在版编目（CIP）数据

劳动力流动对城乡居民代际收入传递的影响研究／赵颖智著．--北京：中国财政经济出版社，2019.12

（中南财经政法大学“双一流”建设文库．创新治理系列）

ISBN 978-7-5095-9325-7

Ⅰ.①劳… Ⅱ.①赵… Ⅲ.①劳动力流动－影响－居民收入－城乡差别－研究－中国 Ⅳ.①F126.2

中国版本图书馆 CIP 数据核字（2019）第 232936 号

责任编辑：樊清玉　　　　责任校对：徐艳丽

封面设计：陈宇琰

劳动力流动对城乡居民代际收入传递的影响研究

LAODONGLI LIUDONG DUI CHENGXIANG JUMIN DAIJI SHOURU CHUANDI DE YINGXIANG YANJIU

中国财政经济出版社 出版

URL：http：//www.cfeph.cn

E-mail：cfeph@cfemg.cn

社址：北京市海淀区阜成路甲 28 号　邮政编码：100142

营销中心电话：010-88191537

北京财经印刷厂印装　各地新华书店经销

787×1092 毫米　16 开　9.5 印张　157 000 字

2019 年 12 月第 1 版　2019 年 12 月北京第 1 次印刷

定价：43.00 元

ISBN 978-7-5095-9325-7

（图书出现印装问题，本社负责调换）

本社质量投诉电话：010-88190744

打击盗版举报热线：010-88191661　QQ：2242791300

总　序

“中南财经政法大学‘双一流’建设文库”是中南财经政法大学组织出版的系列学术丛书，是学校“双一流”建设的特色项目和重要学术成果的展现。

中南财经政法大学源起于1948年以邓小平为第一书记的中共中央中原局在挺进中原、解放全中国的革命烽烟中创建的中原大学。1953年，以中原大学财经学院、政法学院为基础，荟萃中南地区多所高等院校的财经、政法系科与学术精英，成立中南财经学院和中南政法学院。之后学校历经湖北大学、湖北财经专科学校、湖北财经学院、复建中南政法学院、中南财经大学的发展时期。2000年5月26日，同根同源的中南财经大学与中南政法学院合并组建“中南财经政法大学”，成为一所财经、政法“强强联合”的人文社科类高校。2005年，学校入选国家“211工程”重点建设高校；2011年，学校入选国家“985工程优势学科创新平台”项目重点建设高校；2017年，学校入选世界一流大学和一流学科（简称“双一流”）建设高校。70年来，中南财经政法大学与新中国同呼吸、共命运，奋勇投身于中华民族从自强独立走向民主富强的复兴征程，参与缔造了新中国高等财经、政法教育从创立到繁荣的学科历史。

“板凳要坐十年冷，文章不写一句空”，作为一所传承红色基因的人文社科大学，中南财经政法大学将范文澜和潘梓年等前贤们坚守的马克思主义革命学风和严谨务实的学术品格内化为学术文化基因。学校继承优良学术传统，深入推进师德师风建设，改革完善人才引育机制，营造风清气正的学术氛围，为人才辈出提供良好的学术环境。入选“双一流”建设高校，是党和国家对学校70年办学历史、办学成就和办学特色的充分认可。“中南大”人不忘初心，牢记使命，以立德树人为根本，以“中国特色、世界一流”为核心，坚持内涵发展，“双一流”建设取得显著进步：学科体系不断健全，人才体系初步成型，师资队伍不断壮大，研究水平和创新能力不断提高，现代大学治理体系不断完善，国际交流合作优化升级，综合实力和核心竞争力显著提升，为在2048年建校百年时，实现主干学科跻身世界一流学科行列的发展愿景打下了坚实根基。

"当代中国正经历着我国历史上最为广泛而深刻的社会变革，也正在进行着人类历史上最为宏大而独特的实践创新"，"这是一个需要理论而且一定能够产生理论的时代，这是一个需要思想而且一定能够产生思想的时代"①。坚持和发展中国特色社会主义，统筹推进"五位一体"总体布局和协调推进"四个全面"战略布局，实现"两个一百年"奋斗目标、实现中华民族伟大复兴的中国梦，需要构建中国特色哲学社会科学体系。市场经济就是法治经济，法学和经济学是哲学社会科学的重要支撑学科，是新时代构建中国特色哲学社会科学体系的着力点、着重点。法学与经济学交叉融合成为哲学社会科学创新发展的重要动力，也为塑造中国学术自主性提供了重大机遇。学校坚持财经政法融通的办学定位和学科学术发展战略，"双一流"建设以来，以"法与经济学科群"为引领，以构建中国特色法学和经济学学科、学术、话语体系为己任，立足新时代中国特色社会主义伟大实践，发掘中国传统经济思想、法律文化智慧，提炼中国经济发展与法治实践经验，推动马克思主义法学和经济学中国化、现代化、国际化，产出了一批高质量的研究成果，"中南财经政法大学'双一流'建设文库"即为其中部分学术成果的展现。

文库首批遴选、出版二百余册专著，以区域发展、长江经济带、"一带一路"、创新治理、中国经济发展、贸易冲突、全球治理、数字经济、文化传承、生态文明等十个主题系列呈现，通过问题导向、概念共享，探寻中华文明生生不息的内在复杂性与合理性，阐释新时代中国经济、法治成就与自信，展望人类命运共同体构建过程中所呈现的新生态体系，为解决全球经济、法治问题提供创新性思路和方案，进一步促进财经政法融合发展、范式更新。本文库的著者有德高望重的学科开拓者、奠基人，有风华正茂的学术带头人和领军人物，亦有崭露头角的青年一代，老中青学者秉持家国情怀，述学立论、建言献策，彰显"中南大"经世济民的学术底蕴和薪火相传的人才体系。放眼未来、走向世界，我们以习近平新时代中国特色社会主义思想为指导，砥砺前行，凝心聚

① 习近平：《在哲学社会科学工作座谈会上的讲话》，2016年5月17日。

力推进“双一流”加快建设、特色建设、高质量建设，开创“中南学派”，以中国理论、中国实践引领法学和经济学研究的国际前沿，为世界经济发展、法治建设做出卓越贡献。为此，我们将积极回应社会发展出现的新问题、新趋势，不断推出新的主题系列，以增强文库的开放性和丰富性。

“中南财经政法大学‘双一流’建设文库”的出版工作是一个系统工程，它的推进得到相关学院和出版单位的鼎力支持，学者们精益求精、数易其稿，付出极大辛劳。在此，我们向所有作者以及参与编纂工作的同志们致以诚挚的谢意！

因时间所囿，不妥之处还恳请广大读者和同行包涵、指正！

中南财经政法大学校长

前　言

社会经济发展中的收入分配和收入公平是一直以来备受关注的问题。随着我国城镇化进程的不断深入，大规模农村剩余劳动力转移到城镇，在劳动力流动规模不断扩大的同时也出现了城乡收入差距扩大和城乡代际流动性不足等现象，将传统对收入分配的研究从某一代人或者某几代人之间的比较深入到不同代际群体之间的收入关联。本书从城乡居民代际收入传递现状、劳动力的水平流动和垂直流动对代际收入传递的影响以及劳动力流动对代际收入传递路径的分解三个方面来综合分析劳动力流动对城乡居民代际收入传递的影响。

从城乡居民代际收入传递现状出发，利用 CHIP（中国家庭收入调查）2013 数据，对城镇居民、农村居民和外来务工居民代际收入水平进行比较，并根据城镇外来务工居民的户籍性质将其还原到对应的城乡分组中，测算城乡居民代际收入弹性。结果发现，子辈收入的城乡差距小于父辈收入的城乡差距，居民阶层内的收入差距随着阶层的提高先下降后上升。城镇居民代际收入弹性显著高于农村居民。利用还原样本测算后，城乡居民代际收入弹性差距有略微下降，说明不将外来务工人员考虑在内会造成统计结果的偏误。

在此基础上，构建城乡居民代际收入流动矩阵和代际职业流动矩阵，通过代际收入指数和代际职业指数来衡量代际间的传承性和流动性水平。测算发现，农村家庭的代际收入流动性高于城镇家庭，处于最低和最高收入阶层家庭表现出较高的代际收入传承性，而处于中间收入阶层家庭的代际收入流动性则相对较好。在代际职业流动上，城镇、农村和外来务工家庭中各个职业阶层均表现出较强的代际传承性，职业阶层固化比收入阶层固化现象更突出，其中最高职业阶层的代际传承性最高，其次是从事农业的阶层，反映出高职业阶层的高进入壁垒和低职业阶层的高流出壁垒，最低职业阶层和最高职业阶层“子承父业”的社会现象较为突出。

基于还原人口分组后的城乡样本，分析劳动力水平流动即劳动力外出务工对代际收入传递的影响，结果发现父辈发生水平流动时，代际收入弹性低于父辈未发生水平流动，城镇和农村均表现出此规律。在父辈不流动的情况下，农村子辈发生流动能显著提高其收入水平，且能降低代际收入弹性；在父辈流动的情况下，农村子辈流动对其收入的改善作用不再显著，父辈对子辈收入提高的促进作用会通过父辈的社会资本表现出来。在城镇家庭中，父辈流动和子辈流动对子辈收入以及代际收入弹性的影响并不显著。劳动力垂直流动即代际职业流动对代际收入传递的影响上，当子辈和父辈处于同一职业阶层时，代际职业传承不利于子辈收入的提高，因此会增加代际收入传承性。考虑劳动力垂直流动因素后，城乡代际收入弹性出现下降，但城镇家庭的代际收入弹性仍然显著高于农村。进一步来看，当子辈职业向上流动时，能显著促进农村子辈收入的提高，从而增强农村代际收入流动性，这种现象在城镇样本中没有表现出来。当子辈职业向下流动时，不利于城镇和农村子辈收入的提高，从而增强了城乡代际收入传承性，子辈收入难以超过父辈，这种作用在城镇子辈中的表现强度高于农村。

将劳动力水平流动和垂直流动共同考虑时，劳动力的水平流动能有效促进城乡子辈收入的提高，降低代际收入的传承水平；劳动力的垂直流动中“子承父业”不利于子辈收入的提升，会降低代际收入流动性。进一步将代际收入传递分解为从父辈教育、水平流动、职业到子辈教育、水平流动、职业和其他因素的12条途径，通过基于永久性收入的代际收入传递机制分解法对代际收入弹性进行分解来测算每条影响途径的贡献率。结果显示，所有途径中，教育和职业的总贡献率为正，劳动力水平流动为负，表明受教育程度和职业阶层的上升会增强代际收入传承性，而水平流动会增强代际收入流动性。城乡差异上，农村父辈流动的总贡献率远高于城镇家庭，反映出农村父辈流动对代际收入流动性的促进作用远高于城镇。

基于以上分析，教育、流动、职业是代际收入传递的主要途径，就业中的劳保福利也能有效促进子辈收入的提高，位于收入分配底端的家庭容易陷入代际贫困陷阱，而位于收入分配顶端家庭的高职业代际传承性使其他家庭子辈难以进入高阶层，出现阶层固化的现象，农村父辈和子辈的水平流动可以较好地促进代际收入的流动，有利于社会公平。因此，本书提出以下三点对策建议：（1）进一步完善户籍制度和相应配套制度改革，推动农村劳动力自由流动，有效促进农业转移人口市民化；（2）建立城乡平等的就业制度和一体化劳动力市场，加强对农业转移人口的就业信息和培训服务，落实就业人员的劳动保障；(3) 加大农村教育和农业转移人口随迁子女教育投入，缩小城乡教育差距，促进教育服务的公平性。

本书受中南财经政法大学中央高校基本科研业务费专项资金项目“劳动力流动对收入差距影响的机制分析与实证研究”（项目编号31541411002）资助。

目　录

第 1 章　绪　　论

经济发展中的收入分配和收入公平是一直以来备受关注的话题。我国在经济转型时期经历了大规模的乡城人口流动，推动了城镇化进程，但在此过程中出现的城乡收入差距扩大、城乡代际流动性不足等问题，将传统对收入分配的研究从某一代人或者某几代人之间的比较深入到不同代际群体之间的关联，从宏观经济社会和微观家庭发展两个方面，全面综合考虑我国居民的收入分配问题。

1.1　研究背景与意义

1.1.1　研究背景

（1）劳动力流动规模不断扩大

随着我国工业化的深入，大量农业剩余劳动力向工业部门和城镇地区转移，为经济发展做出巨大贡献的同时，改变了城乡居民的收入格局从而影响了城乡收入差距的变化。新中国成立以来至改革开放前，农村人口向城市流动受到诸多政策上的限制，城乡之间有森严的壁垒，除去国有行业部门招工、教育招考转移和征兵、随军、提干等几种进入城市的方式外，其他都受到政府设置的门槛和配额限制，劳动力从农村向城市的流动基本处于隔离状况。1978 年以后，国家逐渐放开农民进城务工的管制，农民的劳动自由开始逐步得到国家政策的允许和支持，城乡之间由隔离走向流动，但依旧受到户籍制度的种种限制和影响。进入 21 世纪后，随着户籍制度背后的隐性障碍受到越来越多的关注和质疑，国家开始对户籍制度进行改革试点，虽然还没有对户籍制度完全放开，但城乡分隔得到改善，劳动力从限制流动向自由流动发展，不再单纯受到自上而下的计划限制，会结合市场环境自下而上进行流动选择。劳动力流动的规模逐渐扩大，2017 年我国流动人口①达到 2.44 亿人，占总人口的比例高达 18%，人口迁移流动成为城镇化进程中人力资本配置的一种重要方式。其中，通过乡城就业转移的劳动力数量从 1980 年的 2714 万人迅速增加至 2017 年的 1.42 亿人，年均转移 387 万人②，并呈现继续大规模转移的趋势。见图 1－1。

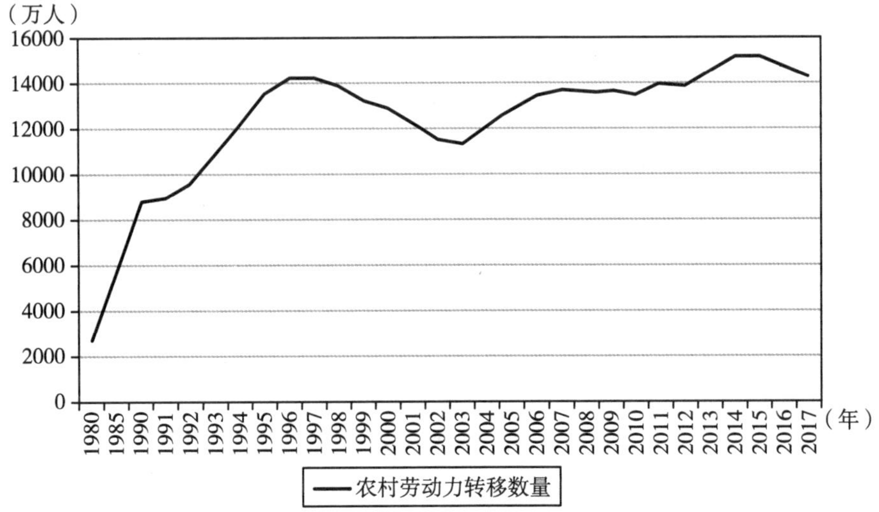

图 1－1　1980—2017 年农村劳动力转移情况③

（2）城乡居民收入差距阶段性变化显著

在大规模乡城人口转移的社会经济快速发展过程中，我国居民的收入水平不断提高，居民人均可支配收入从 1978 年的 171 元增加至 2017 年的 25974 元，年均增速达到 13.7%。其中，城镇居民人均可支配收入从 1978 年的 343 元增加至 2017 年的 36396 元，年均增速为 12.7%；农村居民人均可支配收入从 1978 年的 134 元增加至 2017 年的 13432 元，年均增速为 12.5%。在改革开放 40 年来，我国的收入分配制度发生了重大变化，城乡、区域间的收入差距变动在不同阶段表现出较大差异（李实等，2018）。城乡居民收入差距在 1978—1985 年因农

① 流动人口包括了劳动力的流动和不在劳动状态的随迁人口等，因此比乡城劳动力转移数量大。

② 农村劳动力转移数量根据朱劲松（2010）的方法，采用非农就业人数与城镇就业人数的差额进行计算，认为其等于从农村到城镇的打工人员数即进城务工的劳动力流动数量。

③ 图中数据来源于《中国统计年鉴》（2014 年、2018 年），农村劳动力转移数量为作者计算所得。

村家庭联产承包责任制的推行而下降，城乡居民收入比从2.57下降到1.86；从1986年开始，随着国家经济体制改革的重心由农村转移到城市，城乡居民收入差距重新开始扩大，城乡居民收入比一直上升到2007年的3.14；2008年至今，城乡居民收入比开始降低并呈现出保持缓慢下降的趋势，一系列推动城乡一体化、改善农村居民生产生活条件的政策相继出台，虽然政策落实存在滞后性，但对缩小城乡收入差距起到了一定的作用。见图1-2。

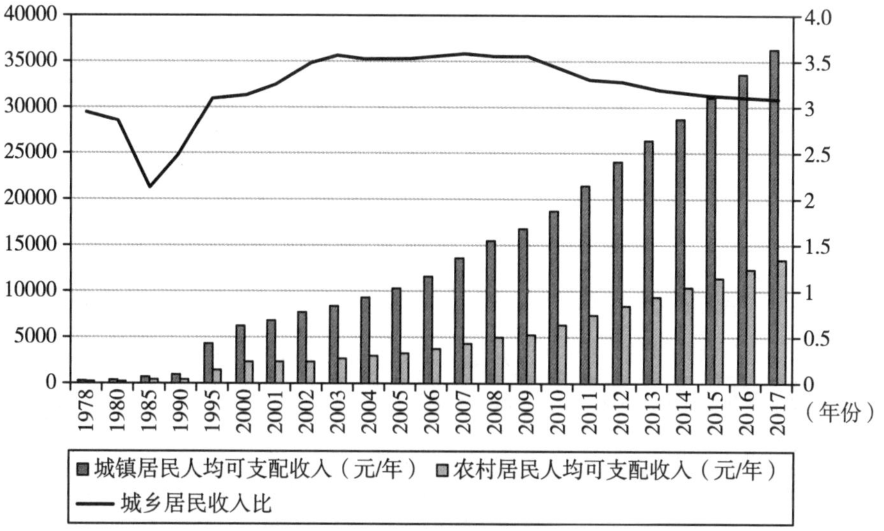

图1-2 1978—2017年我国城乡居民收入变动情况[①]

按照经典的迁移理论，收入差距的存在是诱发人口和劳动力流动的主要推力之一，在劳动边际生产率递减和劳动力供需变化的过程中，劳动力从低收入地区向高收入地区流动，通过缩小两个地区（部门）的边际劳动生产率差别，从而缩小城乡收入差距。然而，从我国的实际情况来看，伴随着劳动力大规模地在东西部地区之间、城乡之间流动，以缩小收入差距为目的的劳动力流动却与城乡收入差距扩大同时出现，其中原因引发了学者们的讨论。

（3）代际收入分配关注逐渐深入

自Becker and Tomes（1979）提出关于收入分配不平等研究的两个分类，应该包括同一家庭代际的收入不平等以及不同家庭同一代人之间的收入不平等，对收入分配的研究层面从同一代人深入到不同代际人群之间。王海港（2005）最早对我国城镇居民代际收入弹性（子辈收入与父辈收入的相关程度）进行测

① 图中数据来源于《中国统计年鉴2018》，城乡居民收入（名义）比为作者计算所得。

算，结果显示我国城镇居民代际收入弹性1988年为0.384，1995年为0.424。我国的居民代际收入弹性高于大部分发达国家，反映出一定的阶层固化现象，农村低收入家庭子女向上流动面临较大阻碍，会进一步加剧城乡收入差距的扩大。

为了优化收入分配状况，国家发布了一系列与收入分配改革、城镇化发展、乡村振兴、农业转移人口市民、脱贫攻坚等相关的政策，多次提到我国当前的城乡差距和区域差距较大，要继续深化收入分配制度改革全面促进人民收入水平的提高，通过完善就业体制、促进教育公平力度、提高公共服务均等化水平等各项措施配合，共同缩小城乡居民收入差距。其中，多项与农民工和农民工子女就业、教育相关的制度，为改变农村居民父辈与子辈间的贫困传递以及子辈向上流动提供了外部支持。

基于上述背景，在我国城镇化进程中劳动力流动规模依旧庞大，对城乡居民的收入分配产生不可忽视的影响，其中代际的收入传递现状如何、收入传递有几种途径、受到哪些因素影响、城乡之间是否存在差异等，值得我们进一步研究。从宏观层面测算城乡居民的代际收入弹性现状，同时从微观层面剖析代际收入传递的机制和城乡差异，为制定缩小城乡收入差距、减少城乡收入不平等政策提供一定依据。

1.1.2 研究意义

本书的理论意义和现实意义主要体现在以下几个方面：（1）将劳动力流动分为水平流动和垂直流动，综合考虑劳动力在传统意义上的空间迁移和阶层转换上的代际职业流动两方面的影响，为分析劳动力流动对代际收入传递的影响建立了新的理论分析框架。（2）在我国城镇化迅速推进背景下，考虑到传统统计分组上对流动人口的忽视，将其还原到对应的城乡分组中，基于还原人口分组的方法重新测算城乡居民代际收入弹性，对城乡居民代际收入传递真实情况的衡量具有一定的现实支撑。（3）分析代际收入传递的影响机制时，将代际收入弹性进行分解，综合测度父辈的水平流动和垂直流动分别对子辈的水平流动和垂直流动产生的影响，细化了代际收入传递的路径。（4）通过比较城乡居民代际收入传递的差异，特别是不同收入阶层和不同职业阶层人群的具体差异，为完善收入分配机制、促进城乡收入分配公平性政策的提出提供了较好的参考依据。

1.2 研究思路与框架

1.2.1 研究思路

本书的研究主要分为三部分，首先针对城乡居民代际收入水平和代际流动性现状，构建流动性矩阵测算代际流动指数，并通过还原人口分组的方法，来真实测算反应代际收入传递水平的代际收入弹性。在此基础上，基于还原人口分组的样本，实证检验劳动力的水平流动和垂直流动分别对城乡居民代际收入产生了什么影响。最后将劳动力流动对代际收入传递的所有路径进行分解，测算每条路径的贡献率水平。具体包括六个方面：

第一，城乡居民代际收入水平分析。考察城乡居民代际收入水平，选取微观样本 CHIP（中国家庭收入调查）2013 数据进行描述，从城镇居民、农村居民和外来务工居民三个群体，分年龄段和收入阶层，全面分析城乡居民代际收入水平、收入波动性以及收入差距。在此基础上，根据外来务工样本的户籍性质，将其还原到对应的城乡分组中，测算城乡居民代际收入弹性。

第二，城乡居民代际收入流动性测算。将父辈收入从低到高分为 5 个阶层构建代际收入阶层分布矩阵，分析城乡居民不同收入阶层中代际收入阶层向上、向下流动和传承的比例。在此基础上，通过代际收入指数，从代际收入传承性和流动性水平来综合衡量代际收入传递水平，同时分年龄段考察不同年龄组子辈的城乡差异。

第三，城乡居民代际职业流动性测算。将居民职业阶层从低到高进行划分，构建代际职业阶层分布矩阵，通过代际职业指数，从代际职业的传承性和流动性水平综合衡量代际职业传递情况，也分年龄段进一步分析不同年龄组子辈的城乡差异。

第四，劳动力水平流动对代际收入传递的影响。在还原样本分组后，从劳动力水平流动视角，即父辈子辈是否外出务工，分析其对居民代际收入的影响机制和效应以及城乡居民间的差异情况。

第五，劳动力垂直流动对代际收入传递的影响。同样在还原样本分组后，从劳动力垂直流动视角，即代际职业传递情况，分析代际职业传承对代际收入的影响机制。在代际职业流动方面，进一步从代际职业向上流动和向下流动两个方面，分析其对城乡居民代际收入传递的影响。

第六，劳动力流动对代际收入传递机制的分解。综合考虑劳动力流动，从劳动力水平流动、垂直流动两个方面分析其对城乡代际收入传递的影响。并将影响途径进一步从父辈和子辈的教育、流动和职业等方面进行分解，全面测算每一条影响路径对代际收入弹性的贡献率。

1.2.2 研究框架

基于上述研究思路，本书的结构框架如图 1－3 所示：

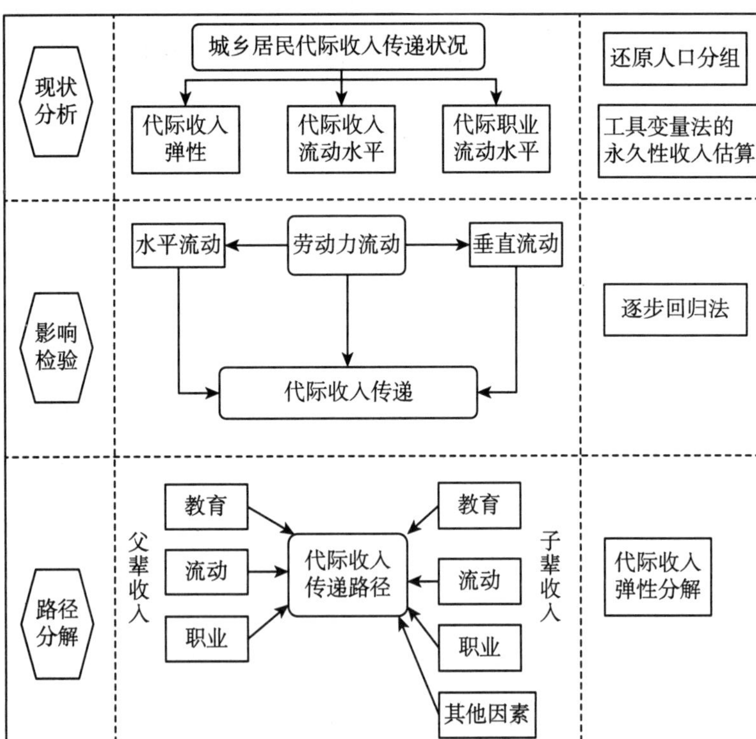

图 1－3　全书结构框架图

1.3 研究特色与创新

在已有研究的基础上，本书从以下方面进行了更进一步的探讨：

第一，在测算代际收入弹性时，考虑到如果不将已发生流动群体统计在分组中会造成实际估算的误差，根据已有数据将外出务工人员根据其户籍性质还原到对应的城乡分组中，再根据还原样本进行后续分析，减少向下的估计偏误。同时利用还原样本进行后续影响机制分析，也可以有效地将劳动力流动因素对应到相应的城乡居民中，有助于真实分析城乡代际收入传递差异。

第二，将劳动力流动分为水平流动和垂直流动，综合考虑劳动力在空间上的迁移流动和在职业上的代际转变对代际收入的影响。已有研究对劳动力流动一般聚焦在水平流动即空间上的迁移，而职业转换也属于劳动力流动的一个方面，两者综合起来能更全面地衡量劳动力流动的影响。同时，在水平流动方面，将父辈的迁移流动和子辈的迁移流动共同考虑在内，克服已有研究中只考虑父辈迁移或者只考虑子辈迁移带来的遗漏。

第三，基于永久性代际收入弹性估算，对代际收入传递机制进行分解。结合实证分析结果，将代际收入传递的路径分解为从父辈水平流动、职业、教育到子辈水平流动、职业、教育、其他因素等一共 12 条路径，测算每条路径对代际收入弹性的贡献率，特别是劳动力流动对代际收入弹性的贡献水平。在此基础上分解出促进代际收入传承以及促进代际收入流动的不同路径，并对每一条路径的城乡差异进行对比分析，进一步梳理出劳动力流动对城乡代际收入传递的贡献率差异。

第 2 章　研究基础与分析框架

2.1　理论基础

本书的理论基础主要从两个方面展开，一是与劳动力流动迁移相关的二元经济理论，另一个是与代际收入传递相关的人力资本投资理论。

2.1.1　二元经济理论

刘易斯（Lewis，1954）针对新古典主义和凯恩斯主义的假设不适用的发展中国家，提出了二元经济结构下的人口流动模型，认为不发达经济体系内部存在两个部门，分别是拥有资本和先进生产力的现代城市部门（urban sector）以及庞大落后仅能维持生计的传统农业部门（rural sector）。传统部门中劳动力边际生产率为零，劳动力价格是能够维持生活的最低工资，按照这种价格提供的劳动力超过需求则劳动力的供给是无限的。由于传统农业的生产方式松散，农民的边际生产率趋于零，当农业的产出超过了人口最快增长所需要的农产品消费后，农业部门会存在剩余劳动力。相比于农业部门，城市工业部门提供的固定工资水平（高于农业部门劳动力自我雇佣时的工资水平）吸引了源源不断的农村剩余劳动力涌入。工业利润不断用于投资扩大生产规模，工业部门劳动生产率的提高需要雇用更多劳动力，农村剩余劳动力不断向城市工业部门流动。

刘易斯对二元结构的分析说明了工业化初期农村剩余劳动力在城乡间的流动原因，但其模型中假定现代工业部门的资本——劳动比例不变、农村存在大量剩余劳动力而城市中不存在失业、从农村转移到城市的劳动力与留守在农村的劳动力是同质无差别的，同时忽略了农业在促进工业增长中的重要性和农业边际生产率提高而产生的剩余产品，否则，单纯的剩余劳动力转移必然造成城乡的差距进一步扩大。

费景汉和拉尼斯（Rains and Fei，1961）对刘易斯模型进行了修正，重视农业部门的发展以及农业部门所提供的产品剩余，将农村劳动力转移过程分为三个阶段：(1) 在不影响农业部门总产出的情况下，农业剩余劳动力向城市部门流动转移，此时的农业劳动边际生产率为零；(2) 农业劳动边际生产率大于零但小于农业部门最低生活消费时，农业剩余劳动力仍旧向城市部门流动但会影响农业部门的总产量；(3) 当农业部门剩余劳动力基本上被城市部门完全容纳时，城市部门如果要扩大生产就必须提高最低工资来吸引农业部门中的劳动力。拉－费模型认识到农业不仅为工业部门提供劳动力资源而且也提供农业剩余，如果农业剩余不能满足工业部门的扩张对农产品日益扩大的需求，劳动力转移就会受阻，工业部门的扩张就会减缓甚至停滞下来。与刘易斯模型一样，拉－费模型也只假定农业部门存在剩余劳动力而工业部门不存在失业，农业部门收入不会因为劳动生产率的提高而增加。然而这种三阶段分法不能解释为什么当城市也存在失业的同时还会存在因市场需求的提高而引起劳动工资的提高。

因此，托达罗（Todaro，1969）将预期引入农业劳动力流动的决策中，考虑到迁移劳动力的就业概率，农村迁往城市的人口数随着城乡预期收入差距的增加而增多，可以表述为：$M=f(d)(f'>0)$，$d=\pi\times w-r$，其中 M 为农村迁往城市的人口数，d 为城乡预期收入差距，$f'>0$ 表示人口流动规模是预期收入差距的增函数。w 为城市实际工资，r 为农村工资，π 为就业概率。而考虑到迁移时期，表述变成：$M=f[V(0)](f'>0)$，其中 $V(0)=\int_{t=0}^{n}[p(t)Y_u(t)-Y_r(t)]e^{-rt}dt-C(0)$，t 为在 n 个时期里的某一个时期，V(0)为迁移者计划期内预期城乡收入差异的净贴现值，$Y_u(t)$、$Y_r(t)$ 为 t 时期城市和乡村的实际工资率，n 为计划范围内的时期数，r 为贴现率，e 为自然常数，p(t)为一个迁移者在 t 时期中在现代部门获得工作的概率，C(0)为流动成本。

托达罗认为当农业剩余劳动力的预期转移收入大于城乡实际收入差距时，城市部门中劳动密集型非正式部门可以吸纳大量不能找到合适工作而滞留在城市中的农业剩余劳动力，然而当就业岗位的创造速度赶不上预期流入的农业剩余劳动力时，就会出现城市失业与农村劳动力转移并存的现象。

二元经济理论解释了劳动力流动的原因在于城乡预期收入差距，提出了就业概率对城镇预期收入的影响，并对流入城市的农业剩余劳动力就业部门进行分类，包括正式部门和非正式部门。这与我国劳动力流动的情况相符，进城务工人员面临就业调整和失业局面，劳动力市场中的二元性使得较多农民工在城市非正规部门就业，在工资收入和就业福利上得不到保障，这种就业初期高的迁移成本影响了其子辈进城务工的职业选择。但当农民工在社会公共服务日益完善和社会资本逐渐积累的情况下，又能给子辈提供好的人力资本投资和社会资本支持，从而影响子辈的就业选择。

2.1.2 人力资本投资理论

早期在分析劳动者如何进行工作选择方面的决策时，传统的劳动供给曲线假设劳动是同质的。但在现代工业化社会，劳动具有异质性的特点，劳动力的流动迁移也属于人力资本投资的范畴，且从家庭范围来看，人力资本投资不仅发生在当代人身上，也包括家庭对子辈间的代际投资。舒尔茨（1964）在研究人力资本投资时，认为人力资本存在于个人身上，表现为知识、技能、健康状况的总和，一个国家的人力资本可以通过劳动者数量、质量和劳动时间来度量，同时把“个人和家庭进行流动以适应不断变化的就业机会”看作是人力资本投资的主要方面之一。劳动者通过流动获得的净收益 $PV=\frac{L_j-L_i}{r_{di}}-G_{ij}$，即流动前后收益差的贴现值减去流动成本，如果净收益大于零，劳动者会选择流动来获取更多的收入。贝克尔（1979，1993）将新古典分析方法用于人力资本投资研究，探讨人力资本投资传递和代际贫困传递的关联，收入分配的公平性不仅包括不同家庭中同一代人的收入状况，还包括同一家庭代际的收入状况。人力资本投资的目的既要考虑到将来的收益，也要考虑到现在的收益。从年龄——收入曲线来看，家庭劳动力人力资本投资除了影响当代人的收益还会影响代际间的收益，父代通过对子代进行人力资本投资从而实现收入的代际传递。

关于人力资本投资与收入差距的关系，明塞尔（1958）在研究收入分配和劳动力市场行为等问题时提出了人力资本的分析框架，建立人力资本投资收益率模型，将人力资本理论与分析方法应用于劳动市场行为和家庭决策模式，从生命周期角度分析在职培训对终生收入模式的影响，并认为劳动力的教育投入和在职培训投入会提高收入从而缩小收入差距。萨缪尔森（1989）指出了人力资本的差异是产生收入差距的根本原因，包括劳动者受教育水平差异、劳动能力和熟练程度差异、职业性质和工作强度差异、市场垄断歧视等。Masson（2001）在托达罗模型中加入人力资本因素来分析检验收入不平等与劳动力流动决策的关系，结果发现劳动力从农村转移到城市的过程中可能伴随其人力资本的提升，但因为城市失业的存在，发生乡城转移的劳动力可能面临失业而陷入贫困境况从而影响其子女教育的提升和自身工作的升迁，并因此认为那些没有发生流动的农村劳动力可能会一直处于收入分配的底端，最终加剧城乡收入不平等的状况。

人力资本投资理论从内涵上界定了人力资本的范畴和人力资本异质性的特征，教育、健康、迁移流动都属于人力资本投资。人力资本禀赋和投资的差异，在一代人和代际的传递，造成了人力资本的城乡、代际差距，从而对城乡、代际收入分配产生了较大影响。

2.2　文献综述

本书关注劳动力流动对城乡代际收入传递的影响，文献梳理主要从劳动力流动与城乡收入差异和城乡代际收入差异的关系两个方面展开，包括劳动力流动对城乡收入差距的影响、代际收入传递、代际职业流动、城乡代际收入传递现状以及劳动力流动对代际收入传递的影响等方面展开。

2.2.1　劳动力流动对城乡收入差距的影响

经典劳动力流动理论认为，劳动力流动会缩小城乡收入差距。Lewis（1954）在《二元经济论》中提出传统部门和现代部门的收入差距导致非熟练劳动力的流动，随后迎来劳动力流动的转折点，当劳动力不再是无限供给时，两部门的收入分配差距会缩小。Todaro（1969）认为劳动力流动是对城乡预期收入差距的反应，迁移者根据预期收益最大化作出迁移决策，在劳动力大量流入的情况下，城市非正规部门与农村部门的收入差距会下降，而城市非正规部门与城市正规部门之间的收入差距会上升。城乡劳动力的自由流动是消除城乡二元经济结构的必要条件，随着农村劳动力流动的不断深化，劳动力市场将形成完全分工体系，城乡生产率和收入将会趋于一致，对农村经济能力和劳动力收入水平的提高产生积极作用，有益于促进收入分配的公平，从而缩小城乡和地区间的收入差距（Barro，1991；李实，1999；蔡昉等，2009）。

从我国劳动力流动对收入差距影响的分析来看，大部分学者认为劳动力流动会缩小收入差距。姚枝仲等（2003）通过 1990 年人口普查资料分析中国劳动力流动状况，发现 1985—1990 年劳动力流动具有降低城乡（地区）收入差距的作用，但此时的劳动力流动规模太小，并不是差距缩小的主要原因。段平忠等（2005）认为我国人口流动对地区增长差距具有明显的收敛作用。王小鲁和樊纲（2005）认为中西部跨地区劳动力流动会缩小地区的城乡差距：一方面，缓解了农村人口的土地压力和就业压力；另一方面，支撑了流出地区农民收入的增加。

劳动力流动对我国收入差距的影响需要分阶段来看，不同劳动力流动阶段的差异显著。陈光普（2012）认为在 1992 年之前劳动力流动对城乡收入差距没有产生显著影响，但 1992 年之后随着经济社会发展环境等一系列变化，劳动力流动显著地缩小了城乡收入差距。其中，中西部地区劳动力流动缩小了城乡收入差距但东部地区扩大了城乡收入差距。李宾等（2013）从生命周期视角将城镇化过程中的农村劳动力流动分为三个阶段，第一阶段中农村的非农产业就业能明显缩小城乡收入差距，第二阶段中农村劳动力进入城镇常住就业不明显地扩大了城乡收入差距，第三阶段劳动力为迁移取得户籍也能够明显缩小城乡收入差距。

2.2.2 劳动力流动没有缩小城乡收入差距的制约因素

从我国的情况来看，改革开放初期，劳动力流动对缩小城乡收入差距产生了一定影响，但近 20 多年，劳动力流动并没有缩小城乡收入差距。探究其中的原因，学者们主要从人力资本差异、城市偏向政策、户籍政策、收入统计分组等角度作出解释。

杨云彦（1999）认为劳动力大规模跨区流动，其中伴随的人力资本流失，会对地区间和城乡间均衡发展带来不利影响。王美艳（2005）的研究表明，人力资本差异使农村劳动力进入城市正规部门受到限制，结果即使在同一行业就业，工资报酬也存在差异，城乡人力资本水平差异是导致城乡收入差距的主要原因。劳动力之间的异质性使劳动力技能存在高低差异，农村高技能劳动力流向城市不仅不能缩小城乡收入差距，反而会起到扩大的作用（赵伟等，2007）。我国人力资本水平在不断提高但城乡间的差距在不断扩大，人力资本从农村流向城市会扩大城乡居民收入差距，城乡人力资本的自溢出效应使得城乡居民收入增加，但城市居民人力资本自溢出效应强于农村居民，因此导致城乡居民收入差距的扩大（胡志高等，2018）。

Johnson（1988，2002）认为农业劳动力向外转移有助于缩小农业和非农业间的劳动力收入差距，但前提是劳动力转移需要具备足够的速度，中国限制劳动力流动的政策使中国的劳动力流动速度远低于美国，结果导致要缩小城乡收入差距需要更长的时间。户籍制度限制了人口流动的规模（Whalley 等，2007），沿海地区经济发展过快导致目前的流动规模仍然不足以缩小现存的收入差距（林毅夫等，2004），如果迁入人口能顺利转变为城镇人口则可以缩小城乡收入差距（宋建等，2018）。财政支出结构、就业所有制结构、政府参与经济活动程度等城市偏向的经济政策，导致 1987—2001 年城乡收入差距的扩大（陆铭和陈钊，2004），城市偏向政策又会导致科教文卫支出的城乡差异，从而进一步扩大城乡收入差距。侯新烁和杨汝岱（2017）利用政府工作报告中对农村和城市不同政策作为衡量政策偏向的依据，研究发现不同政策偏向对城乡收入差距形成了引导作用，政策偏向和人口流动形成的互动过程也是影响城乡收入差距的重要渠道。

一般关于城乡收入差距的测算，均是根据劳动力流动（即农村劳动力已完成统计意义上向城镇的转移）后的统计结果来测算城乡收入差距，包括泰尔指数（李实，1999；王少平，2007；曹裕等，2010），基尼系数（陈宗胜，1991），城乡消费水平比（蔡昉等，2000；王德文等，2005）等。此时测算所得的城乡收入差距结果没有考虑到城乡人口分组对城乡收入差距的影响，并且已将劳动力流动对其影响包含在内，存在收入统计分组上的误差。阮杨等（2002）指出，当较富裕的农民首先转变成了城镇居民，就可能在不改变所有居民收入的情况下扩大统计上的城乡收入差距。钟甫宁（2010）认为，改革开放后城乡人口分组发生的变化不仅会影响组间（城乡间）差异的数值及其对总体差异的贡献，而且也改变了各组组内（城镇内部和农村内部）差异的数值。应瑞瑶等（2010）将从农村转移到城市的居民还原到农村居民分组中，重新测算的城乡收入差距比传统意义上的要小，且从长期来看呈现出下降趋势。高文书（2013）认为中国现行的住户收入调查系统未能有效覆盖农民工群体，使在城镇生活的进城农民工群体并没有进入城镇住户调查样本，也未进入农村家庭样本而造成统计上的遗漏，结果导致城镇居民收入的高估和农村居民收入的低估，进而使城乡收入差距被高估了约40%。

2.2.3 代际收入传递

（1）代际收入传递的内涵

代际收入传递（intergenerational income transmission），表示父辈与子辈之间的收入关联情况。对于此种关联，文献中提到的常见说法有代际收入传递和代际收入流动。

Behrman and Taubman（1976）认为父母可以通过遗产和金融资产等方式传递（transmit）收入和福利给子女，基因天赋、教育和社会经济地位会影响子女的收入。Becker（1986，1994）提出贫困代际传递理论和人力资本投资传递，子代的教育和收入等都会受到家庭禀赋的影响，父代通过对子代进行人力资本投资从而实现收入传递。贫困也会通过人力资本进行代际传递（Restuccia，2004），子辈的收入不平等取决于先天禀赋和后天培养等因素的共同作用。进一步来说，收入代际传递存在三种机制，父母将收入转移给子女的直接传递，父母通过对子女教育投资的人力资本传递，父母通过影响子女对工作选择的工作选择传递（杨新铭和邓曲恒，2016）。结合贫困代际传递理论和收入代际传递机制，发现低收入家庭的子女会容易陷入“收入贫困传承陷阱”（徐晓红，2015）。

关于代际收入流动的研究，最早是建立在不平等和代际流动性（inequality and intergenerational mobility）的分析框架下（Becker and Tomes，1979），将代际流动性与收入分配不平等关联起来探讨两者的关系和变化，是对收入差距和收入不平等研究的深入。代际的社会经济联系，在代际收入之前已有不少对代际职业流动性的研究。Blau and Ducan（1967）构建了代际职业流动矩阵，计算代际职业流动指数，并测算美国父辈的受教育程度和职业状况对子辈职业状况的影响。Glass（1954）和Goldethorpe（1980）测算了英国的代际职业状况流动程度和转换水平。随后，Becker and Tomes（1979）提出关于收入分配不平等研究的分类，应该包括同一家庭代际的收入不平等，以及不同家庭同一代人之间的收入不平等，而过往大部分经济学家建立的不平等模型中往往忽略了家庭收入的代际传递性。在此基础上，Becker and Tomes（1979）在家庭收入和代际流动性不平等的研究视角下，结合家庭效用最大化和人力资本投资方法构建了收入分配和代际流动均衡理论，子辈收入的提高伴随着他们得到更多父辈对其进行的人力和非人力资本投资，同时还包括基因决定的种族、能力和其他特征天赋（先天禀赋）、家庭声誉以及相互联系、家庭环境提供的知识、技能和目标，以及子辈自身的市场和禀赋运气（market and endowed luck）。

对于代际收入传递的程度，通常用代际收入流动性表示，指个体收入在总体收入分配所处的位置有多大程度由其上一代人所处位置来决定的，或者理解为父代与子代之间的收入相关性（王海港，2005；王美今等，2012；袁磊，2016）。其第二层含义可以将代际收入流动性视作社会开放程度、收入公平以及机会平等状况的标识（郭丛斌等，2007；李小胜，2011；汪小芹，2018；郝枫等，2019），研究这个问题可以更好地解释一个社会不平等状态的形成。

代际收入流动性的大小可以用来衡量社会的代际收入公平性。一个社会的代际收入流动性越高，意味着子代收入更多地依赖于个人自身的努力，而不是通过继承父代的收入等与家庭背景高度相关的因素得到，表明社会机会是相对公平的；相反，如果一个社会的代际收入流动性越低，意味着子代的收入更多地取决于与父代收入等相关的家庭背景因素，反映了整个社会相对固化，缺乏一定的公平（郭丛斌等，2007；徐丽等，2017）。此外，高的社会不平等性也会降低代际间的经济流动性（Bloome，2015）。

综合以上分析，代际收入传递和代际收入流动都是分析父辈和子辈收入之间的相互关联，以及父辈通过哪些方式和途径影响子辈收入。虽然在文献中有这两种说法，但本书认为两者内涵上差异不大。代际收入传递是在收入分配中，父辈收入对子辈收入的影响程度，既包括代际收入的流动，也包括代际收入的传承。不管是代际收入的传承还是流动，都可以视作广义上的代际收入流动，用代际收入流动性来反映代际收入传递水平。代际收入流动性的高低一方面可以反映出家庭之间父辈对子辈在人力资本投资和非人力资本投资方面的影响，也可以反映出收入分配的公平性。

（2）代际收入传递的衡量

代际收入传递的衡量，主要是对父辈和子辈收入的相关程度来进行测度，常见的衡量指标包括代际收入相关系数（intergenerational income/earnings correlation）、代际收入弹性系数（intergenerational income/earnings elasticity）、代际收入流动转换矩阵（intergenerational income transition matrices）。对代际收入弹性系数和代际收入相关系数的测算，一般是在构建父辈子辈收入方程的基础上，通过回归模型计算出子辈收入和父辈收入之间的相关系数，将收入取对数后的回归系数则可以表示为弹性系数，即子女收入水平随着父母收入每增加一个百分点而增加的程度（王海港，2005；Zimmerman，1992；Solon，1992；李力行等，2015）。社会代际收入弹性越大代际收入流动性就越小（郭丛斌等，2007；郝枫等，2019），表明子辈收入受到父辈收入的影响程度越大，社会机会均等的可能性越小。

Atkinson（1980）通过建立子辈与父辈间收入的 log 线性回归模型对英国的代际收入流动性进行测量，测算出子辈周工资和小时工资与父辈周工资和小时工资的弹性分别是 0.36 和 0.43。Solon（1992）使用 OLS 最小二乘法和 IV 工具变量法方法（将父亲的教育水平作为 IV）估算美国代际收入流动性，结果得出代际收入相关系数为 0.4 或者更高，该估算结果比其他文献研究中的美国社会流动性程度更小。在不同收入人群中，代际流动性的差异较明显，如果父辈收入阶层较低，则其子辈收入流动性相对较弱，而当父辈收入阶层提高时，子辈收入流动性会增强（Becker and Tomes，1986）。Peters（1992）运用 Becker（1979）的模型对美国代际收入在不同种族、收入阶层、儿子女儿间的流动性差异和形式进行了实证分析，发现父辈的 log 收入只能解释 9%—11% 子辈 log 收入的变化，而母亲的工作状态、父亲的受教育情况、种族、兄弟姐妹数量都对收入流动有统计学上的关系。Bjorklund（1997）研究瑞典的代际收入流动性并与美国进行比较，测算得到瑞典的代际收入弹性在 0.282—0.363 之间，而美国的代际收入弹性在 0.417—0.516 之间，瑞典的代际收入不平等性比美国好，代际收入流动性比美国高。

关于我国的代际收入流动性测算，最早是王海港（2005）通过建立城镇居民子女收入对父辈收入的回归方程，得到了 1988 年和 1995 年的居民代际收入弹性分别为 0.384 和 0.424，且高收入组的父母收入对子女的影响有增强的趋势。徐晓红（2015）运用中国家庭收入调查（CHIP）以及中国家庭追踪调查（CFPS）的数据并且采用双样本工具变量法得出，中国城镇居民代际收入弹性在

0.35—0.47 之间。李路路和朱斌（2015）指出我国总体社会流动性在上升，但是跨阶层的循环流动越来越困难。虽然我国代际收入弹性系数正在下降，但从国际上来看仍处于中等偏上水平（霍丽杰，2018）。

在代际收入系数和弹性的估计方法上，除了传统的 OLS 估计法（Atkinson，1980；王海港，2005；尹恒等，2006），修正估计误差的工具变量法（Solon，1992）、广义矩估计法（周兴等，2014）、迭代一般均衡模型法（杨娟等，2015）等被逐渐采用。越来越多研究通过分位数回归（郭丛斌等，2007；魏颖等，2009；群峰，2011；徐舒等，2015）来测度代际收入弹性在不同收入阶层、不同性别人群以及城乡之间的差异，结果发现高收入阶层代际收入流动性较低，多数子女仍然处于在与父辈相同的收入阶层中，且父辈收入对儿子收入的影响大于女儿。

关于代际收入流动转换矩阵，Atkinson（1980）将父辈收入分成四等分、周兴等（2006）将父辈收入分为五等分，按照对应的子辈收入构建代际收入的四分位和五分位转换矩阵，考察代际收入的向上和向下流动性。在代际收入流动转换矩阵的基础上，何勤英等（2017）采用代际收入流动转换矩阵的卡方指数作为代际收入流动性的衡量指标，卡方值越大表示子辈的收入分配地位对父辈的收入分配地位依赖程度越大。

（3）城乡居民的代际收入传递差距

城乡居民的代际流动性水平表现出较大差异，且存在部门分割现象和区域差异。方鸣和应瑞瑶（2010）利用双样本两阶段最小二乘法（TS2SLS）测算发现，中国居民的代际收入表现出较强的传承现象，整体的收入流动性较差，且城镇家庭的代际收入弹性高于农村家庭。陈琳和袁志刚（2012）研究发现 1988—2005 年，城镇居民的代际收入弹性大于农村且整体呈现下降趋势，城乡居民间的收入弹性差值在缩小。我国城乡代际收入弹性变化差异明显，城镇代际收入弹性呈倒“U 形”变化但农村呈“U 形”变化，城镇的代际收入弹性虽有下降趋势但仍高于农村，在地区差异上东部地区代际收入弹性最大，中部最小（严斌剑，2014）。

徐晓红和曹宁（2018）利用 1988—2013 年 CHIP 数据考察国有部门和非国有部门收入差距的代际流动性，结果显示非国有部门收入差距代际传递程度低于国有部门，但有缓慢上升趋势。

整体而言，城乡居民在人力资本、社会资本、财富资本等各种资本占有上的差距，使城乡居民子辈通过继承而拥有不同的初始财富，其中农村居民子辈大多只能通过个人后天努力获得劳动收入（薛宝贵等，2017），但又面临阶层固化带来的向上流动困境，使城乡居民贫困传递导致城乡贫富的“马太效应”（曹娇娇，2017），进一步造成城乡收入差距的代际传递。

2.2.4 代际收入传递的影响因素

对代际收入传递影响因素的分析，可以概括为两个主要的方面，一方面包括子辈从基因和家庭背景中获得的各项因素（Becker and Tomes，1979），另一方面包括子辈在后天培养中进行改变的因素（郭丛斌和闵维方，2009；李煜，2009；李小胜，2011）。

（1）先赋因素

广义的先赋因素代表了父辈以及家庭背景对子辈个体经济地位的影响作用，包括父辈收入阶层、经济地位、职业、受教育程度、社会地位（胥艳花，2015）。父辈可以通过人力资本投资和非人力资本投资方式，将家庭禀赋传递给子辈，这些因素是与生俱来的。

Liu 等（2000）利用我国台湾的数据进行研究，得出家庭背景对工资收入的作用在私人部门尤其显著，在公共部门却并不显著。父母的禀赋不仅提高了他们自身的收入而且通过禀赋传递，包括基因传递和人力资本投资传递等方式直接地提高了孩子的收入（Becker and Tomes，1979）。周兴等（2014）指出人力资本以及家庭背景都对家庭代际收入向上流动的概率产生了影响，研究发现父亲收入阶层越高的家庭，子女收入向上流动的概率越小，同时较高职业阶层间的代际职业传承一定程度上阻碍了其他低职业阶层子女的进入，从而阻碍代际间的收入流动。

邹薇等（2018）指出相对于代际收入流动不变的情况，父辈收入阶层越高的家庭，子辈收入向上流动的概率越小。高收入家庭中父辈收入对子辈收入差距形成的贡献度，无论是直接贡献还是间接贡献均高于低收入家庭（霍丽杰，2018）。

父母自身的教育水平对子女的收入水平也有一定影响。假设孩子的先天禀赋一致，若父母给子女人力资本投资越多，一定程度上会增加子代经济收入提高的可能性；但贫困家庭的父母，受自身文化水平限制对子女教育的重视程度可能不如受高教育水平家庭的父辈，部分父母尽管认识到教育投资对其子女收入提高的重要作用，但受家庭经济条件约束也只能让子女放弃接受某些教育的机会（胥艳花，2015）。Bloome等（2018）通过分析美国青年追踪调查数据发现，父辈教育之间的不平等导致教育的经济回报不平等差异增强，从而提高了子辈收入不平等的持续性。

除此之外，部分研究发现父辈的政治身份、职业、社会关系网等因素也会对子辈个人收入产生影响。陈钊等（2009）发现，除去教育、工龄、年龄、性别之外，父亲的社会关系网、政治身份和户籍等均是有利于子女进入高收入行业的影响因素。杨瑞龙等（2010）认为，父亲在职和党员的交互项，对子女收入有较为明显的促进作用。虽然子辈教育与职业是父辈收入影响子辈收入差距的两条重要路径，但是父辈收入差距通过子辈职业这一途径“复制”给子辈的程度远高于教育途径（霍丽杰，2018）。

（2）后致因素

后致因素主要表现在子辈通过受教育和个体的自我努力，在后天培养中进行改变的因素，包括子辈的个人能力、人力资本水平和健康水平等（郭丛斌和闵维方，2009）。此外，社会经济发展中外部环境的变化，特别是社会福利的改变，也是近年来影响代际收入流动的重要因素。

在代际收入流动的众多后致因素中，教育起着关键性的作用。很多实证研究证实了教育影响我国的收入分配差距（杨俊等，2008；陈斌开等，2010）以及教育对代际收入流动的促进作用（陈琳和袁志刚，2012；郭丛斌和闵维方，2007，2009）。一方面，公共教育可以减轻低收入家庭投资子代人力资本时所面临的信贷约束，从而通过缩小人力资本的差异来促进代际流动（Becker and Tomes，1986）。Solon（2004）指出，富人家庭的子女会获得更高的收入是因为家长对子女进行了更多的人力资本投资，因此，子女比低收入家庭的子女拥有更高的教育水平。李力行和周广肃（2015）得出随着以教育为代表的人力资本代际传递作用的不断加强，父辈收入对子辈收入有显著正向影响的这种代际传递作用也在增强。实证研究方面，Pekkarinen等（2009）运用差分法估算教育改革对美国代际收入弹性的作用，研究表明教育改革使美国的代际收入弹性从改革前的0.3减少到改革后的0.23，表明教育能够有效增加代际收入的流动性。周波和苏佳（2012）利用中国健康与营养调查（1997年和2002年）数据，运用非线性模型研究发现，县级公共教育的人均支出（教育事业费、文教科研经营费用、地方预算支出）的增加能减少代际收入的相关性。徐俊武（2014）利用中国健康与营养调查（1989—2009 年）数据，运用多重门槛模型研究发现，公共教育支出（省级生均教育支出）越高，代际收入流动性相应也越高。卢盛峰等（2015）利用学校布局区位选择来衡量教育的可获得性，研究发现学校布局地区的居民受教育年限要显著高于非学校布局地区居民，并且具有更高的代际流动性。杨娟等（2015）通过四期世代交叠模型得出义务教育的可得性是影响收入差距和代际收入流动性最主要的因素。

另一方面，教育具有显著的“自我实现”以及阶层再生产的特点，教育对代际收入流动的作用存在异质性，在不同阶层中的影响表现出差异。刘志国（2014）使用中国健康与养老追踪调查（2008 年）数据，发现教育对处于中下收入阶层的子女具有促进代际流动的作用，但是对处于上层收入的家庭则具有复制优势地位的作用。教育解释了很大一部分的代际收入流动性，同时，教育对于处于收入分配底端家庭的子女更有价值（Eide 等，1999；Restuccia，2004）。因此，教育是影响代际收入流动的重要因素，各级别的教育均能提高代际收入的向上流动，且各层次教育的影响系数逐层递增（邹薇等，2018），但增加公共教育投资可能会阻碍代际收入的流动（候玉娜，2013）。

健康与子代收入之间也具有相关性（何婕妤，2012），大多数是正效应，并且对于子代收入不同的家庭这种效应是不同的（张丹青等，2018）。健康的差异在收入差异中被放大，显著地影响子代收入，并且这种“放大”呈现增加趋势，对处于中等收入阶层和高等收入阶层家庭的子代影响更为明显。

此外，社会经济发展中外部环境的变化，如公共政策和财政政策等对代际收入流动性的影响也日益显著。胥艳花（2015）提出随着城市化进程的推进，大量农民进城务工，虽然政府对农民工的关注和权益保障在逐步完善，但在传统户籍制度下，农民工的择业机会受到户籍约束，其子女的教育也受到户籍约束，从而影响了农民工子女的教育和就业，不利于代际的充分流动。刘欣（2016）从政府转移支付来探究其对代际收入流动的影响力，发现转移支付对代际收入流动具有正向促进作用，而且对女儿收入流动改善程度高于儿子，其中专项转移支付可以改善中西部地区的代际收入流动但对东部地区影响不明显，财力性转移支付可以降低农村地区的代际收入传承，从而缩小城乡间的收入差距。

2.2.5　代际职业流动

关于劳动力流动，不仅包括劳动力在空间位置上的水平流动，最常见的表现就是劳动力从农村迁移到城市或者从欠发达地区迁移到发达地区，还包括劳动力的垂直流动，即劳动力在工作岗位和职业上的流动（陆铭，2007）。劳动力在职业上的流动，也表现出较强的代际传递特征，即代际职业流动，随着社会阶层的发展和分化，职业类别也成为衡量社会阶层流动的一个重要因素。

陆学艺（2003）最早研究中国社会阶层分化，从职业分类将我国已经形成的社会阶层结构分为十类，改革开放之后社会流动的渠道越来越多，逐渐形成新的社会流动机制。但社会中间阶层的规模仍较小，一定程度上会导致社会收入差距的扩大，尽管个人受到家庭先赋因素的影响，通过教育和外出务工等方式可以促进个人社会阶层的向上流动。从我国社会整体的代际职业流动上看，朱晨（2017）利用2000 年人口普查和2005 年人口抽样调查数据研究发现，我国职业代际向上流动性随着出生人口年龄段的后移而不断提高。在父亲从事农业和非农业样本中均表现出此特征，但农业与非农职业间的隔离现象明显且表现出经济发达地区职业代际向上流动概率较好的区域差异。

从城乡间代际职业流动的差异来看，李天舒等（2017）通过对 CGSS（2013年）数据研究发现，我国居民的代际职业传承现象较为明显，城镇家庭子辈职业表现出向父辈职业回归的趋势，而农村家庭子辈职业向上流动的阻隔更大，教育能在代际职业流动中发挥作用促进职业阶层的向上流动。子辈职业受父辈职业的影响较大，代际职业继承效应明显，父辈职业阶层越高，子辈向上流动的概率逐渐下降，且农村子辈向下流动的情况高于城镇子辈，而单位壁垒的存在影响了代际职业流动。除此之外，教育、健康、性别和年龄也会共同影响代际职业流动（卢现祥等，2018）。

关于代际职业流动和代际收入差距的关系，研究认为，教育传递和职业传递是收入差距代际传递的主要途径，但城乡居民之间差异显著。城镇居民的受教育水平普遍高于农村居民，使得其教育传递较好，结果表现出城镇居民的教育传递贡献率高于职业传递，但农村居民的职业传递贡献度高于教育传递（徐晓红，2016）。代际职业传递影响到代际收入弹性的大小，在代际职业流动中高学历群体的流动性更高，代际职业传承阻碍了代际职业流动的可能性（罗曼利，2018）。

2.2.6 劳动力流动对代际收入传递的影响

劳动力流动与代际收入之间的关系，国外研究主要考察移民的代际收入流动情况。Borjas（1993）将移民分为三代，分别是出生在外国的第一代、出生在美国但父母至少有一方在国外出生的第二代以及父母均出生在美国的第三代。其中第一代移民受来源国特征影响的劳动力市场经验会传递给子辈，其自我选择的迁移流改变了美国和其来源国人口的技术组成。通过普查数据分析发现第二代美国人的收入高于第一代和第三代，第二代的收入受到父母在来源国可得的经济机会影响。移民家庭对子女在文化资本、社会资本的投资情况以及子女能获得的社会融入机会的大小，会共同决定子女在移民国最终形成融合、同化、隔离或边缘化的四种状态（Nauck，2001）。Luthra（2013）通过比较来自不同国家的移民情况，发现比来源国非移民教育和健康平均水平更好的移民会把这些优势传递给子女，代际收入向上流动的比率增加。不论是职业还是教育，移民家庭子女的代际传递水平都比当地家庭子女低，说明即使是在最不具优势的移民家庭中，特别是父母有一方没有美国合法身份的，子女向上流动的情况也较为普遍。

国内研究在分析劳动力流动对代际收入传递的影响机制和效应时，主要从子辈劳动力是否迁移流动和父辈劳动力是否迁移流动作为劳动力流动的分类依据展开，其中以子辈迁移为主。孙三百等（2012）研究发现，子辈迁移群体的代际收入弹性不到未迁移群体的一半，迁移群体的代际收入流动性更强；低收入人群会面临“代际低收入传承陷阱”，而迁移行为可以通过增加就业机会等方式，至少使一代人的代际低收入传承困扰大幅下降。李勇辉等（2016）考察人力资本投资、劳动力迁移对代际收入流动性的影响，发现子代迁移可以大幅度提高代际收入流动性，父代对子代的人力资本投资对于迁移人群和未迁移人群都是提高其代际收入流动性的有效方式。刘欢（2017）认为，子辈的迁移会削弱父辈收入的传递效应，且不同家庭差异明显，绝对贫困家庭和未接受高等教育子辈家庭中子辈迁移能够大幅提高其收入，从而削弱父辈低收入的代际传递。吴学榕等（2018）根据子辈是否外出务工，将农民工样本分组测算代际收入流动性，结果发现农民工外出就业能显著降低父辈对其收入的影响，从而增强农民工收入的代际流动性，受教育程度的提高也能同时降低农民工代际收入的传递系数。邹薇等（2018）测度代际收入流动性时加入了子辈迁移变量，结果发现子辈的迁移显著提高了子辈收入向上流动的概率，但迁移与教育的交叉项为负，说明迁移弱化了子辈教育对个人收入向上流动的影响。郝枫等（2019）认为劳动力的跨区流动能显著削弱代际传承强度，特别是对于低收入家庭子女，外出就业有助于其摆脱代际贫困传递陷阱，从而提高整体的代际收入流动性，促进社会公平发展。

卓玛草等（2016）从父辈迁移的视角研究农民工代际收入流动性，发现父辈外出务工家庭代际收入传递性高于父辈未外出家庭。一方面父辈外出务工家庭的农民工子女受父辈个体资本、社会资本和心理资本的传递，与父辈同处于次级劳动力市场的概率增加，会加强父辈对子辈收入的影响程度；另一方面，父辈未外出务工家庭的农民工子女通过自身的劳动力流动，可以改变先天不足的资源禀赋，通过自身收入的提高从而改变代际收入的流动性。

而关于劳动力流动对代际收入传递影响的具体表现，则反映在发生迁移流动群体间的代际收入弹性差距上。卜民（2018）根据农村人口是否迁移将其分成三类，研究发现农村流动人口家庭的代际收入弹性高于农村常住人口家庭，但低于城镇常住农村人口家庭。

综合来看，不论是父辈还是子辈的劳动力流动，主要通过影响父辈对子辈的人力资本投资即教育投资、财富资本投资即家庭资产投入、社会资本投资即社交网络利用和职业投资即代际职业传递等方面，改变子辈的收入水平，从而影响代际收入流动性。普遍认为，劳动力流动能够削弱社会资本的影响，降低代际收入的传承强度，一定程度上可以缩小代际间的收入差距和城乡间的收入差距。

2.2.7　文献述评

劳动力流动与城乡收入差距之间的关系，相关研究较为丰富，理论上认为劳动力流动会促进劳动力市场的分工和完善，从而缩小城乡间的收入差距促进收入公平分配，劳动力的迁移选择也是对城乡间预期收入差距作出的反应。从我国社会经济发展过程来看，劳动力流动对缩小城乡和区域间的差异起到了一定作用，但由于受到人力资本异质性、城市偏向政策、户籍政策等方面的限制，使两者之间出现了劳动力流动规模增长和城乡收入差距同时扩大的情况。除上述因素外，关于收入统计方面，正在流动和已经完成流动的大部分劳动力未纳入城镇居民或者农村居民的分组中，导致城乡收入差距估计出现一定程度上的偏差，但这方面的研究相对较少。

近年来关于收入分配不平等的研究越来越关注代际收入之间的传递，代际收入流动性和传承性的强弱会导致社会发展机会、贫富差距和社会阶层的变化，从而进一步影响城乡收入差距。代际收入流动性表现出父辈和子辈之间收入的关联程度，代际收入弹性越大说明代际传承性越高、流动性越小。我国的代际收入弹性高于美国、英国、瑞典等发达国家，不过整体呈现下降趋势，但城乡间差异显著，城镇家庭的代际收入弹性一直高于农村家庭，存在阶层固化的现象。代际职业向上流动性随着出生人口年龄段的后移而不断提高，但农村家庭子辈向上流动面临更大阻碍。子辈受到父辈收入、经济、职业、教育、社会地位、社会关系等方面先赋因素的影响，以及子辈后天通过个体努力形成的人力资本和社会福利等方面的后致因素，共同影响了代际收入流动性的强弱和传递途径。

其中，劳动力流动对代际收入传递产生了较大影响。现有研究认为农村子辈的迁移对其收入增加的影响较大，从而降低了代际收入弹性，增加了子辈跳出父辈原有收入阶层的向上流动性。父辈外出务工会在一定程度上改变家庭社会资本的传递，从而使子辈接受更多的家庭禀赋传递，父辈收入对子辈收入的影响程度提高。

综合来看，已有研究对代际收入弹性的估算方法基本达成一致，在 Becker 等（1976）和 Solon（1992）方法的基础上，用父辈多年收入平均值或者父辈各项特征估算出的父辈终生收入计算出的代际收入弹性，能减小用父辈当期收入估算带来的向下偏误。但在计算代际收入弹性的城乡差距时，并未考虑到对发生劳动力流动群体的分组问题，对真实分组后的城乡代际收入弹性差别有待测算。此外，对于劳动力流动对城乡代际收入传递的影响，现有研究较多考虑子辈是否发生空间位置上的流动，没有同时研究劳动力流动在水平空间上和垂直空间上的同时流动，也未将父辈流动和子辈流动一起纳入。

基于此，为了测度实际的城乡代际收入流动性差距，本研究从还原人口分组的角度，对还原分组前后城乡居民的代际收入弹性分别进行测算，考察是否存在因对劳动力流动人口未纳入分组而导致的代际收入弹性偏误。在还原人口分组的基础上，从劳动力的水平流动即空间上的流动和劳动力的垂直流动即职业上的流动两个方面，综合考虑劳动力流动对城乡居民代际收入传递的影响机制和效应，全面评估人力资本、社会资本、家庭禀赋等在劳动力流动下对代际收入传递影响的城乡差异。

2.3　分析框架

基于 Becker（1993）人力资本投资中的代际传递理论以及二元经济中的劳动力流动理论，本书构建在劳动力流动下的代际收入传递分析框架。在父辈层面，其教育水平、流动状态及职业选择等因素共同决定了父辈收入水平。在家庭发展中，来自父辈的基因遗传会构成子辈的先天禀赋，父辈收入水平影响了家庭对子辈的人力资本投资，同时父辈的社会资本即父辈在工作中形成的社交网络环境等又会对子辈的迁移决策产生影响，从而影响子辈的就业行为。子辈教育、子辈天赋以及子辈职业等因素共同对子辈收入产生影响，整个过程构成了从父辈到子辈的代际收入传递过程，如图 2 – 1 所示。在此过程中，城乡家庭父辈收入差异会造成对子辈人力资本投资、社会资本投入的差异，而每个家庭对子辈的禀赋遗传都不相同，这些差异一齐形成了城乡居民代际收入传递水平的差距。

进一步分析劳动力流动对代际收入传递的影响，对于父辈外出务工的家庭，可以改变父辈对子辈的人力资本和社会资本投入，父辈在流入地逐渐形成一定的社会关系网络，对子辈的职业选择产生影响，父辈与子辈间的代际传递更有可能通过代际职业传递而表现出来。对于父辈未外出务工的家庭特别是农村家庭，父辈对子辈的人力资本投资和社会资本投资相较于父辈外出务工家庭和收入较高家庭来说相对较少，子辈难以从父辈获得社交关系网络支持，此时子辈的迁移决策成为提高自身收入的有效途径，此时代际职业传承性大幅下降，代际收入流动性随着子辈外出务工得到较大提高。综合来看，在父辈未外出的情况下，父辈与子辈间的代际传递路径主要是教育路径即父辈对子辈的人力资本投资，而当父辈外出流动时，父辈与子辈间的代际传递路径更多地会通过职业即代际职业传递表现出来，前者可能会增强代际收入传承性，而后者会提高代际收入流动性，见图 2 – 2 所示。具体的传递途径和机制贡献，将在后文通过影响机制分析和传递路径分解来给出解释。

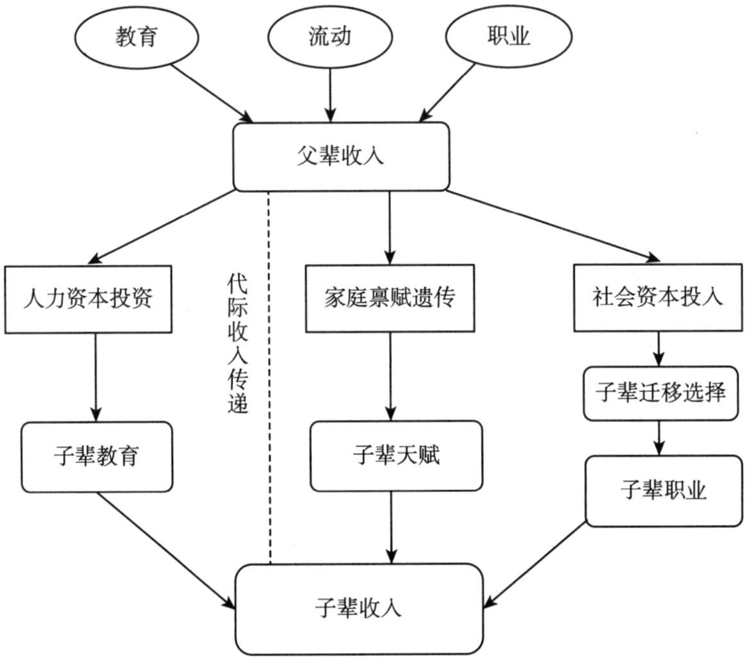

图 2－1　代际收入传递的分析框架图

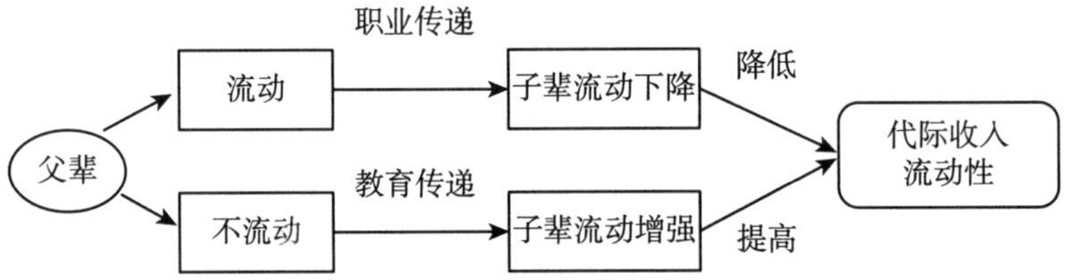

图 2－2　劳动力流动对代际收入传递的影响机制

第 3 章　城乡居民代际收入水平分析

3.1　数据处理

为了分析城乡居民代际收入水平和差异，特别是城镇化进程中城镇居民、农村居民和进城务工流动人口之间的代际收入差距，本章选取中国家庭收入调查（CHIP）发布的最近年份即 2013 年的数据。CHIP2013 总调查中包括三种住户类型：城镇住户、农村住户和外来务工住户，其中城镇住户指户主拥有非农业户口的住户；农村住户指户主为农业户口且户口所在地为现住乡镇（街道内）的住户；外来务工住户指非户主现住乡镇（街道内）的住户，既包括农业户口住户也包括非农业户口住户。

本章对 CHIP2013 数据进行了筛选处理，首先将同一家庭父辈和子辈之间进行匹配，根据传统研究父辈选用家庭中父亲的特征变量，子辈同时保留儿子和女儿的特征变量。在匹配数据中，选用父辈和子辈的年龄、收入、职业和教育等变量，剔除各变量中的奇异值，并保留父辈和子辈（包括儿子和女儿）均有收入且子辈年龄在 16 岁及以上的样本。筛选后最终获得包括城镇居民、农村居民以及外来务工人员的有效样本数量分别为 911 个、2879 个和 104 个，合计 3894 个（后续分析依旧使用该处理后的样本）。选取了与居民代际收入最相关的四个变量，分别是年龄、收入、职业和教育，各变量的具体处理如下：

第一，年龄。CHIP2013 调查时间为 2014 年，因此父辈和子辈的年龄均使用 2014 与其出生年份之间的差值。仅保留子辈在 16 岁及以上的样本，并按子辈年龄同时划分了 25 岁及以下和 25 岁以上两个年龄组进行分析。

第二，收入。根据分位数将收入分成了 5 个阶层。第 5 阶层为最高收入阶层，代表的是样本中 80%—100% 的收入水平，第 1 阶层为最低收入阶层，代表的是样本中0—20%的收入水平。父辈和子辈的收入阶层分别在父辈和子辈总样本中划分，城镇、农村和外来务工样本中父辈和子辈的收入阶层也分别在其对应的样本中进行划分。

第三，职业。依照我国“人力资源和社会保障部”提出的国家职业资格管理中的职业分类目录，结合陆学艺（2002）、李春玲（2005）和周兴（2014）对职业阶层及声望的排序，将原始问卷中的51个职业类别划分为7个职业阶层，从低到高依次是：①非正规就业人员（不便分类的其他从业人员）；②农民（农、林、牧、渔、水利生产人员）；③工人（生产、运输设备操作人员及有关人员）；④商服人员（商业、服务业人员）；⑤办事人员（办事人员和有关人员）；⑥专业技术人员；⑦高级管理人员（国家机关、党群组织、企业、事业单位负责人）。

第四，教育。分析父辈和子辈的受教育程度时，将原始问卷中“所完成的最高学历”转换成各学历对应的受教育年限，按照小学6年，初中9年，高中、中专、职高12年，大专15年，本科16年，研究生19年进行处理。

3.2 城乡居民代际收入基本特征描述①

3.2.1 居民总体情况

从表3-1来看，父辈的总体平均年龄为52.51岁，与城镇居民和农村居民相比，外来务工样本中父辈的年龄更为年轻，仅达到49.78岁。子辈的平均年龄达到26.13岁，与父辈样本相似，城镇子辈的平均年龄最大，而外来务工子辈最年轻，其平均年龄为24.91岁。在收入方面，城镇父辈的收入水平最高，平均达到38024.03元，其次是外来务工父辈，农村父辈的收入水平最低，为24380.98元。子辈收入的城乡差距与父辈呈现不同的特点，子辈收入的城乡差距明显小于父辈收入的城乡差距，农村子辈的平均收入水平为27059.8元，要高于外来务

① 为了说明劳动力流动给城乡居民代际收入带来的差异，本部分的城乡居民实际包括三个群体，即城镇居民，农村居民和从农村到城镇务工的居民。

工子辈，这可能因为外来务工子辈比较年轻，仍处于收入上升阶段。对比父辈与子辈的收入可以发现，城镇样本和外来务工子辈的平均收入水平要低于父辈，而农村样本中子辈的平均收入水平与父辈相比提高了2678.82元，侧面反映出在父辈收入不高的情况下农村样本子辈的代际收入向上流动的空间较大。

表3-1　父辈和子辈基本特征描述

		总体	城镇	农村	外来务工
父辈	年龄（岁）	52.51	53.17	52.40	49.78
	收入（元）	27695.51	38024.03	24380.98	28976.7
	职业	3.58	4.07	3.41	4.02
	受教育年限（年）	8.86	10.35	8.39	8.80
子辈	年龄（岁）	26.13	26.64	26.01	24.91
	收入（元）	28146.92	31763.73	27059.8	26559.38
	职业	3.82	4.18	3.69	4.16
	受教育年限（年）	11.39	13.41	10.77	10.83
父辈（子辈在25岁及以下）	年龄（岁）	48.99	49.22	48.82	47.21
	收入（元）	29206.54	39314.46	26576.63	30236.89
	职业	3.49	3.95	3.36	3.85
	受教育年限（年）	8.77	10.21	8.41	8.45
子辈（子辈在25岁及以下）	年龄（岁）	22.57	23.29	22.39	22.38
	收入（元）	23712.18	25926.5	23074.91	25460.25
	职业	3.76	4.11	3.66	4.05
	受教育年限（年）	11.19	13.15	10.72	10.33
父辈（子辈在25岁以上）	年龄（岁）	56.11	55.59	56.40	53.42
	收入（元）	26149.94	37062.39	21928.63	27189
	职业	3.67	4.17	3.46	4.26
	受教育年限（年）	8.95	10.46	8.36	9.28
子辈（子辈在25岁以上）	年龄（岁）	29.78	29.13	30.06	28.51
	收入（元）	32683.03	36113.7	31510.58	28118.6
	职业	3.88	4.22	3.73	4.33
	受教育年限（年）	11.59	13.60	10.81	11.53

城镇父辈职业阶层的平均值为4.07，大于外来务工的4.02以及农村样本的

3.41，说明城镇样本中父辈职业阶层最高，其次是外来务工父辈，而农村样本中父辈职业阶层最低。子辈职业阶层的平均值分布与父辈相似，且与父辈相比，其职业阶层有所上升，其中农村样本中子辈的职业上升最为明显。就受教育年限而言，城镇父辈的平均受教育年限最高，达到了10.35年，而农村样本中父辈平均受教育年限最低，仅为8.39年。子辈平均受教育年限的城乡差异与父辈相似，但又呈现了新的特点——农村子辈平均受教育年限与外来务工子辈之间的差距缩小，而与城镇子辈的差距在增大。城镇子辈的平均受教育年限提升最为明显，与父辈相比提高了3.06年，其次是农村子辈，提高了2.38年，外来务工子辈最少为1.97年。

3.2.2 子辈25岁及以下的情况

在家庭生命周期理论中，处于不同阶段的家庭对于消费和投资，特别是对子辈的投资存在较大差异，使父辈和子辈间的收入联系表现出不同特征。结合已有研究中按照子辈年龄的划分（周兴，2014；杨娟等2015），以及样本中父辈子辈年龄的平均差距，同时考虑到父辈在50岁左右开始陆续退出主要劳动力市场，故将总样本按子辈年龄25岁进行划分，进一步分析处于不同生命周期家庭在城乡代际收入水平上的差异。

子辈年龄在25岁及以下的样本中，父辈的总体平均年龄为48.99岁，子辈的平均年龄为22.57岁，无论是父辈还是子辈，城镇样本中居民的平均年龄最大，其次是农村居民，外来务工样本中居民最年轻。父辈收入中，城镇父辈的收入最高达到39314.46元，其次是外来务工父辈和农村父辈，子辈收入明显低于父辈收入，这与父辈处于劳动力的黄金时期而子辈在职场人力资本积累的初始阶段有关。而与全样本相比，子辈年龄在25岁及以下时，父辈收入的城乡差距有所缩小，城镇父辈与农村父辈的平均收入相差12737.83元，低于全样本中城镇父辈与农村父辈的差距13643.05元，农村父辈与外来务工父辈之间的差距也减小；此外，城镇子辈与外来务工子辈平均收入的差距不再明显，与农村子辈收入的差距也仅为2851.59元，可能因为城镇25岁及以下年龄的子辈平均受教育年限比其他两个样本多2.5年左右，农村子辈和外来务工子辈进入劳动力市场的时间比城镇子辈长，城乡间的代际收入差异随年龄的变化未完全表现出来。

父辈职业阶层的平均值为3.49，其中城镇父辈最高，农村父辈最低，子辈职业阶层平均值为 3.76，其城乡差异与父辈相似，且都高于父辈的平均值，说明与父辈相比，子辈的职业阶层有所上升。无论在城镇样本、农村样本还是外来务工样本中，子辈和父辈的职业阶层平均值都分别低于全样本中子辈和父辈职业阶层的平均值。就父辈的平均受教育年限而言，城镇父辈最高，为 10.21 年，其次是外来务工父辈的 8.45 年，农村父辈的 8.41 年为最低水平。子辈的平均受教育年限明显高于父辈，说明子辈的受教育水平整体得到了提升。子辈年龄在 25 岁及以下时，父辈和子辈的平均受教育年限都低于全样本中父辈和子辈的平均水平。

3.2.3　子辈 25 岁以上的情况

子辈年龄在 25 岁以上时，与全样本和子辈年龄在 25 岁及以下样本不同，农村父辈和子辈的平均年龄最大，而城镇和外来务工的父辈和子辈较为年轻。父辈平均收入的城乡差距非常明显，城镇父辈的平均收入高达 37062.39 元，比农村父辈平均收入多 15133.76 元，比外来务工父辈平均收入多 9873.39 元。子辈中城镇子辈的平均收入仍处于最高水平，而农村子辈与城镇子辈收入差距缩小，外来务工子辈的平均收入水平最低。

对比父辈和子辈的平均收入可以发现，三个样本中只有城镇子辈的平均收入低于父辈，农村子辈和外来务工子辈的平均收入都高于父辈，且农村子辈平均收入提升最快，比父辈的平均收入高 9581.95 元。无论是城镇样本、农村样本还是外来务工样本中，父辈的平均收入水平都要低于全样本中父辈的平均收入，而子辈的收入要高于全样本中子辈的收入，随着子辈年龄的增加，其收入提高的机会也增加。在职业阶层方面，外来务工父辈职业阶层的平均值最大，其次是城镇父辈，均在 4.0 以上，农村父辈职业阶层的平均值最低，仅为 3.46；子辈职业阶层的平均值均高于父辈，三个样本中也以外来务工子辈职业阶层平均值最高，农村子辈职业阶层的平均值最低但其职业阶层提升最为明显。与子辈年龄在 25 岁及以下的样本相比，子辈和父辈职业阶层的平均值都有所增加，说明随着进入劳动力市场时间的增加，个人职业阶层向上流动的可能性增大。无论在父辈还是子辈中，城镇居民的平均受教育年限最高，农村居民最低，城镇子辈平均受教育年限上升最为明显，与父辈相比提高了 3.14 年。与全样本和子辈年龄在 25 岁及以下的样本对比可以发现，子辈年龄在 25 岁以上时，外来务工父辈和子辈的平均受教育年限与城镇样本之间的差距缩小，而与农村样本之间的差距扩大，一方面可能因为外出务工群体的受教育程度高于农村未外出群体，另一方面可能因为外出务工群体更重视对子辈的教育从而改变了其与城镇群体间受教育水平的差距。

3.3　不同收入阶层城乡居民代际收入差距

为了进一步说明城乡居民代际收入水平的差异，本节根据父辈子辈各自收入阶层的划分来考察不同收入阶层中父辈、子辈和代际间的收入差距，并使用变异系数[①]来衡量阶层内部收入的波动情况。

3.3.1　不同收入阶层中城乡父辈收入

图 3－1 为各收入阶层中父辈的平均收入及其变异系数。从图中可以看出，在任意收入阶层中，城镇父辈的平均收入均为最高，其次是外来务工父辈，农村父辈平均收入最低。随着收入阶层的上升，农村父辈与外来务工父辈之间的收入差距逐渐缩小，而与城镇父辈之间的差距扩大。收入在最低阶层时，农村父辈收入的变异系数最大，处于最低收入阶层父辈的收入存在很大的差异。在最高收入阶层中，城镇、农村与外来务工群体的变异系数急剧上升，城镇父辈收入的变异系数最大，城镇父辈收入波动最大。当收入阶层位于第 3 和第 4 阶层时，各样本中父辈收入的变异系数最小。子辈年龄在 25 岁及以下时，如图 3－2 所示，不同收入阶层中父辈收入的城乡差异与图 3－1 相似，主要差异体现在收入最高阶层中。收入在最高阶层时，城镇父辈和外来务工父辈的收入更高，而城镇、农村以及外来务工的变异系数变大，各组内收入差距更大。不分收入阶层时，父辈的平均收入水平高于全样本，其变异系数更大，说明子辈的年龄在 25 岁及以下时，父辈收入存在更大的差距。子辈年龄在 25 岁以上时（见图 3－3），

① 变异系数等于均值除以标准差。

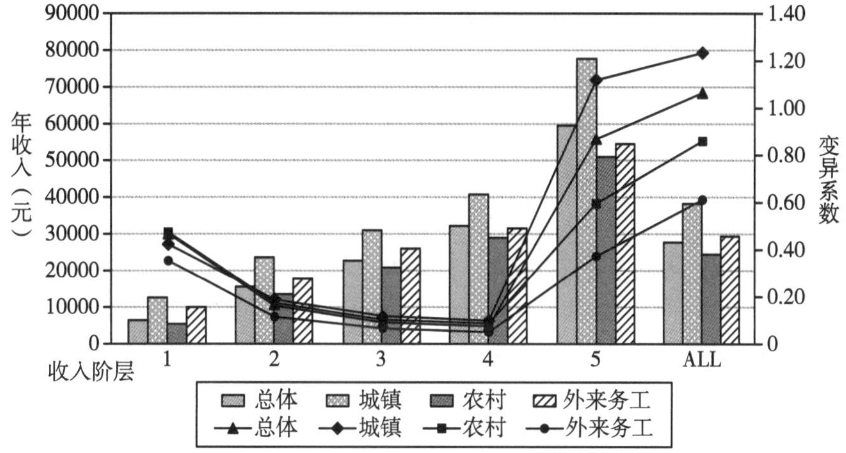

图 3－1　不同收入阶层中的父辈收入及变异系数

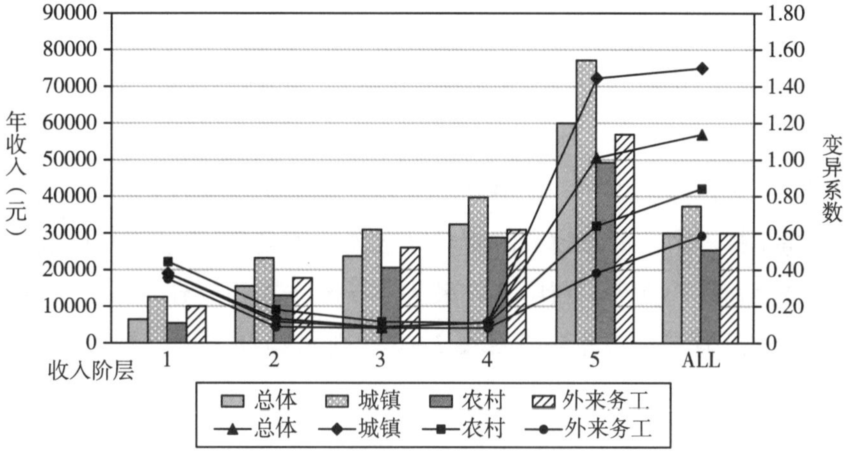

图 3－2　25 岁及以下不同收入阶层中的父辈收入及变异系数

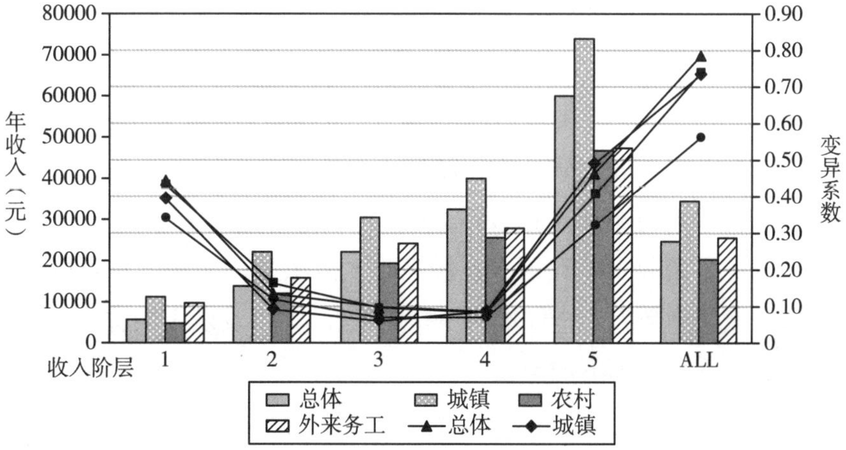

图 3－3　25 岁以上不同收入阶层中的父辈收入及变异系数

父辈平均收入的分布与图3－1和图3－2相似。在最高收入阶层中，农村父辈的平均收入与外来务工父辈差距缩小，城镇、农村和外来务工的变异系数均明显下降，各样本内父辈收入分配更加平均。不考虑收入阶层时，父辈收入变异系数也明显下降，说明子辈的年龄越大，父辈间收入差距越小。

3.3.2 不同收入阶层中城乡子辈收入

图3－4为各收入阶层中子辈的平均收入及其变异系数。从图中可以看出，在各收入阶层中，子辈平均收入的城乡差距较小，城镇子辈的收入略高于农村子辈和外来务工子辈，仅在第5收入阶层与农村子辈和外来务工子辈有明显的差异。收入较低阶层（第1和第2阶层）中，外来务工子辈的平均收入大于农村子辈，而随着收入阶层的提高，农村子辈的收入超过了外来务工子辈。在任意收入阶层，与父辈相比，城镇子辈的收入低于父辈，农村子辈和外来务工子辈的平均收入均高于父辈。就变异系数而言，城镇子辈收入的变异系数最大，城镇子辈收入分布最不均匀。在最高收入阶层中，无论是城镇样本、农村样本还是外来务工样本中，子辈收入的变异系数均小于父辈，说明子辈的收入分布更为均匀。而在最低收入阶层中，外来务工子辈收入的变异系数大于父辈，子辈收入的波动范围更大。图3－5和图3－6分别为25岁及以下和25岁以上不同收入阶层中的子辈收入及变异系数。子辈年龄在25岁及以下时，第5收入阶层中，子辈的平均收入均低于全样本中子辈的收入，城镇、农村以及外来务工子辈收入的变异系数更小，子辈收入差距更小。第1收入阶层中，外来务工子辈收入的变异系数较小，说明外来务工子辈的收入在收入最低阶层中差距最小。子辈年龄大于25岁时，城镇、农村以及外来务工子辈的平均收入均大于全样本中的子辈，此外，农村子辈和外来务工子辈的收入也要高于子辈年龄在25岁以上时的父辈。在变异系数方面，最低收入阶层中，外来务工子辈收入的变异系数最大，也高于全样本中的外来务工子辈收入，说明子辈的年龄大于25岁时，处于最低收入阶层的子辈收入差距更大。最高收入阶层中，城镇、农村以及外来务工子辈收入的变异系数大于全样本和子辈年龄在25岁及以下的样本，子辈的年龄越大，子辈收入分配越不均匀。

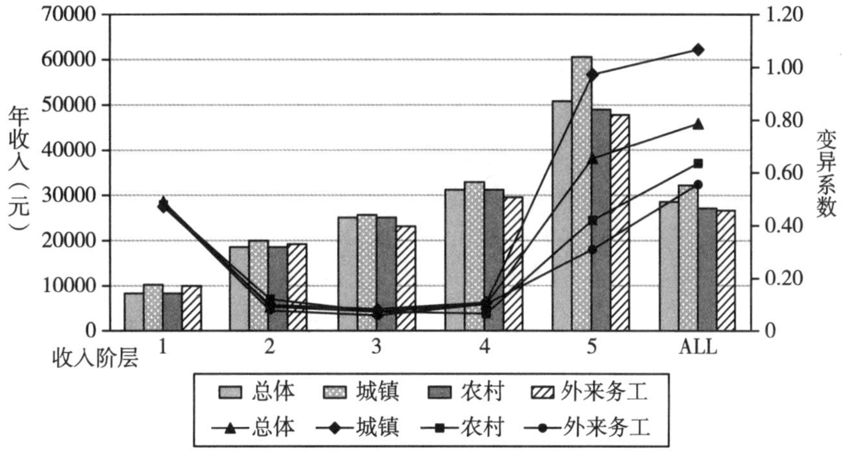

图3－4　不同收入阶层中的子辈收入及变异系数

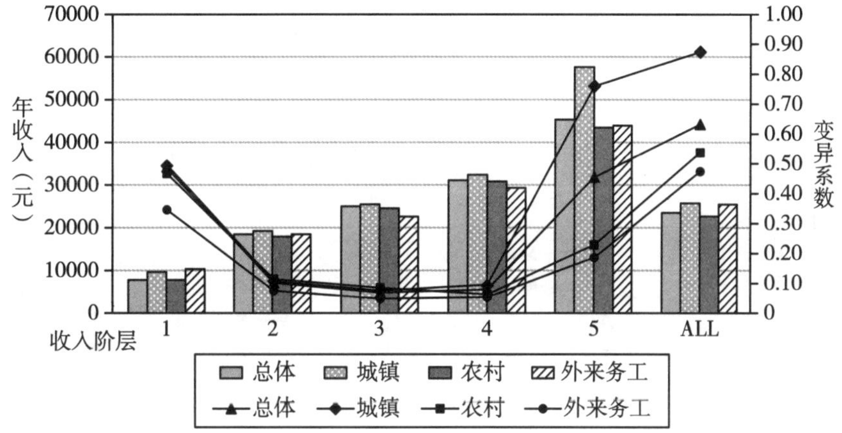

图3－5　25岁及以下不同收入阶层中的子辈收入及变异系数

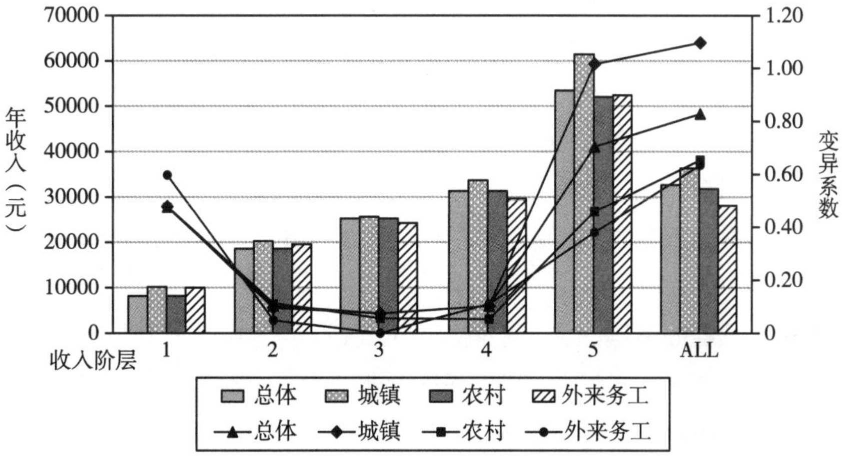

图3－6　25岁以上不同收入阶层中的子辈收入及变异系数

3.3.3 不同收入阶层中城乡居民代际收入差距

从图3－7可以看出，子辈与父辈的收入比在不同的收入阶层都呈现出明显的城乡差异。在最低收入阶层中，农村收入比最高达1.57，外来务工收入比为1.02，而城镇最低仅为0.79，农村子辈收入明显高于父辈，城镇子辈收入低于父辈，外来务工子辈与父辈的收入无明显差距。第5收入阶层中，城镇、农村和外来务工的收入比均小于1，说明最高收入阶层中，子辈的平均收入均低于父辈，而农村收入比为0.96，与城镇和外来务工相比，农村子辈与父辈平均收入差距最小。在中间收入阶层（第2—4阶层），城镇子辈收入均低于父辈，农村子辈和外来务工子辈的平均收入均高于父辈，而随着收入阶层的提高，子辈与父辈之间的收入差距不断缩小。

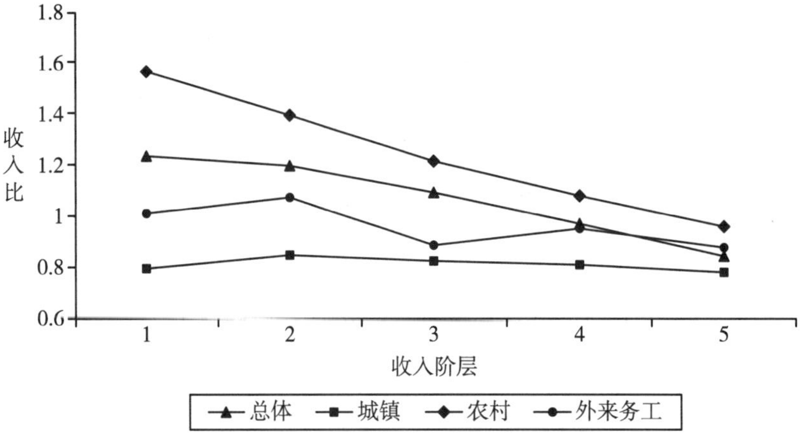

图3－7 子辈与父辈在不同收入阶层的收入比

除城镇样本以外，收入比都呈总体下降趋势，反映出随着收入阶层的提高，子辈与父辈之间收入差距不断缩小，到高收入阶层则呈现出父辈收入大于子辈收入的状况。与农村样本不同的是，外来务工样本中收入比的变化波动较大，仅在第1和第2收入阶层出现子辈收入高于父辈的情况，在第3收入阶层的收入差距大于第4阶层的差距。无论在哪一个收入阶层，城镇子辈与父辈的收入比均小于1，说明城镇子辈的收入明显低于父辈的收入，而最低收入阶层和最高收入阶层中，收入比最低，与中间阶层相比，子辈与父辈收入差距更大。

图3－8为子辈年龄在25岁及以下时，不同收入阶层中子辈与父辈的收入

比，与图 3 – 7 相比，总体趋势相似，但又呈现一些新的特点。收入阶层处于底层时，农村收入比为 1. 49，外来务工的收入比为 1. 08，与全样本相比，农村样本中子辈与父辈收入差距较小，外来务工样本中子辈与父辈收入差距更大，而城镇样本中子辈与父辈收入差距与全样本相似。在最高收入阶层中，城镇、农村以及外来务工收入比均小于全样本，说明子辈的年龄在 25 岁及以下时，无论在城镇、农村还是外来务工样本中，子辈与父辈的收入差距都要大于不分年龄组时的差距。中间收入阶层中，收入比与全样本中的相差不大，无明显的变化。

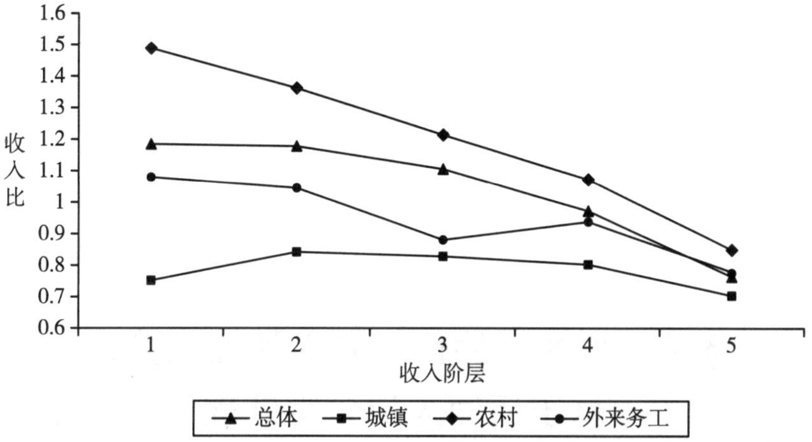

图 3 – 8　25 岁及以下子辈与父辈在不同收入阶层的收入比

图 3 – 9 展示了子辈年龄为 25 岁以上时，子辈与父辈在不同收入阶层上的收入比。其总体特征与图 3 – 7 和图 3 – 8 相似，主要差异体现在外来务工和农村收入比的变化。与图 3 – 7 和图 3 – 8 相比，外来务工收入比存在以下差异：一是最低收入阶层中，外来务工收入比仅为 0. 96，外来务工子辈收入低于父辈；二是最高收入阶层中外来务工收入比大于 1，为 1. 02，子辈收入高于父辈；三是中间阶层中，收入比均高于全样本和子辈年龄在 25 岁及以下样本，子辈在 25 岁以上时，子辈的收入上升更为明显。此外，最低收入阶层中，农村收入比达 1. 65，明显大于图 3 – 7 和图 3 – 8 中的收入比，子辈与父辈间的收入差距更明显。就最高收入阶层而言，农村收入比大于 1，与父辈相比，子辈有更高的收入。与图 3 – 8 相比，城镇、农村以及外来务工收入比均较大，说明随着年龄的增加，子辈收入上升的机会更多。

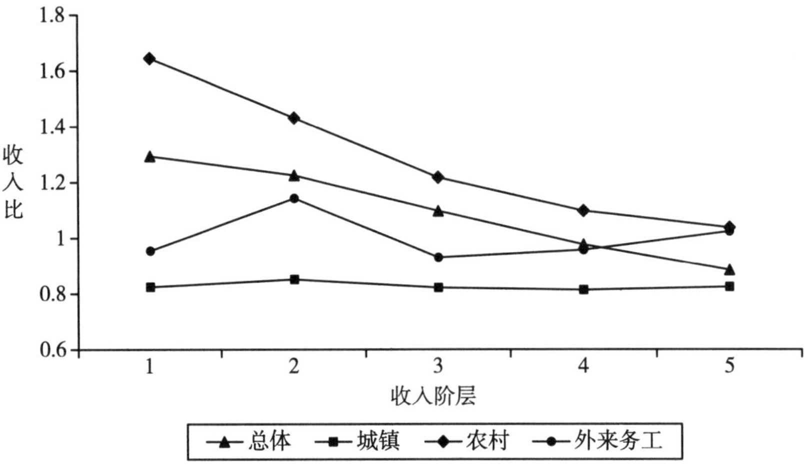

图 3－9　25 岁以上子辈与父辈在不同收入阶层的收入比

3.4　城乡居民代际收入弹性测算：基于还原人口分组处理

上两节的分析发现城乡居民的代际收入差距明显，外出务工群体父辈和子辈的年龄、收入、教育水平和职业阶层基本位于城镇居民和农村居民之间，且各群体中最低和最高收入阶层的波动变化高于中间收入阶层。要进一步衡量父辈与子辈间收入的关联，可以通过计算代际收入弹性来分析代际收入的传递程度。但如果按照城镇样本和农村样本计算城乡代际收入弹性，会出现因忽略统计劳动力流动产生的外出务工人口而带来的误差。因此，本节在测算城乡居民代际收入弹性时，基于还原人口分组的处理，将 CHIP2013 中的外来务工住户样本，根据其户籍类型分别还原至农村样本和城镇样本中，真实测量城乡居民的代际收入弹性。

3.4.1　代际收入弹性的测算方法

Becker and Tomes（1986）曾在其研究中构建模型来测算美国家庭的代际收入弹性，如公式（3－1）所示。

$$Y_i^c = \alpha_0 + \rho Y_i^f + \varepsilon_i \tag{3-1}$$

其中，Y_i^c为子辈收入的对数，Y_i^f为父辈收入的对数，α_0为常数项，ε_i为误差项，ρ 被称为代际收入弹性，因此该模型又称为对数线性回归模型。对数线性回归模型中所使用的收入数据均为子辈和父辈的永久性收入，考虑到在现实中永久性收入的获得比较困难，而用单年份收入估计的代际收入弹性往往存在偏误，Solon（1992）使用了收入均值法和工具变量法来估计代际收入弹性。收入均值法是基于面板数据求出多年收入的平均值作为永久性收入，并用平均值来测算代际收入弹性，这样能有效减少短期因素和自变量测量误差带来的影响。工具变量法是用父辈的教育等特征作为父辈当期收入的工具变量，估计父辈的永久性收入，再测算代际收入弹性，因为与截面数据中父辈当年的收入相比，父辈的教育等特征在短时期内不会存在明显变化，更能反映其永久性收入。由于本章使用的 CHIP2013 数据为截面数据，所以使用工具变量法来估测子辈收入与父辈收入之间的代际收入弹性。

$$Y_{it}^c = Y_i^c + \alpha_1 + \beta_1 Age_{it}^c + \gamma_1 (Age_{it}^c)^2 + \mu_{it}^c \tag{3-2}$$

$$Y_{it}^f = Y_i^f + \alpha_2 + \beta_2 Age_{it}^f + \gamma_2 (Age_{it}^f)^2 + \mu_{it}^f \tag{3-3}$$

其中，Y_{it}^c和Y_{it}^f分别表示第 t 年子辈和父辈收入的对数，Y_i^c和Y_i^f分别表示子辈和父辈永久性收入的对数，Age_{it}^c和Age_{it}^f分别表示第 t 年子辈和父辈的年龄，$(Age_{it}^c)^2$和（Age_{it}^f）^{2}分别表示第 t 年子辈和父辈年龄的平方。公式（3－2）为控制了子辈年龄以及年龄的平方后子辈当期收入的方程，公式（3－3）为控制了父辈年龄以及年龄的平方后父辈当期收入的方程。将公式（3－2）和公式（3－3）代入公式（3－1），得到公式（3－4）：

$$Y_{it}^c = (\alpha_1 - \rho\alpha_2) + \rho Y_{it}^f + \beta_1 Age_{it}^c + \gamma_1 (Age_{it}^c)^2 - \rho\beta_2 Age_{it}^f - \rho\gamma_2 (Age_{it}^f)^2 + \varepsilon_i + \mu_{it}^c - \rho\mu_{it}^f \tag{3-4}$$

其中系数ρ 表示代际收入弹性。使用工具变量法对父辈永久性收入进行预估，本章选用父辈的受教育年限作为父辈永久性收入的工具变量，则公式（3－3）可以表示成：

$$Y_{it}^f = \sigma Edu_{it}^f + \alpha_2 + \beta_2 Age_{it}^f + \gamma_2 (Age_{it}^f)^2 + \mu_{it}^f \tag{3-5}$$

Edu_{it}^f表示父辈的受教育年限，处理以上公式，我们可以测算出代际收入弹性ρ。

3.4.2 城乡居民代际收入弹性的测算结果

根据上述方法，选取父辈受教育水平作为工具变量依照公式（3－5）估计父辈的永久性收入，再根据公式（3－4）测算代际收入弹性。首先测算居民总体、城镇样本以及农村样本的代际收入弹性；第二步将外来务工样本根据父辈户口性质进行还原，104个外来务工样本中，100个为农业户口，4个为非农业户口，外来务工样本基本还原到原农村样本中，依照同样的估算方法对还原的农村样本再测算一次代际收入弹性。

从表3－2的估计结果来看，居民整体的代际收入弹性为0.24，但城乡差异较大。不考虑将外来务工人员还原到农村样本时，城镇居民的代际收入弹性达到0.39，远高于农村的0.21。将外来务工样本按照父辈户籍还原后，城镇居民代际收入弹性不变，农村居民代际收入弹性有小幅增加至0.22，城乡代际收入弹性差异略微缩小，即使用原有农村样本对农村居民代际收入弹性的估计出现了向下的偏误。农村居民代际收入弹性变化幅度不大可能因为外来务工样本量相较于农村样本较少，但这一比例与我国农村居民外出务工比例相当，且通过前两节的分析可以看到外来务工人员的平均收入介于农村居民与城镇居民之间，将其还原到农村样本后一定程度上会增加农村居民的代际收入弹性，减少因统计分组带来的城乡居民代际收入弹性估算的误差。

表3－2　　城乡居民代际收入弹性估计

	总体	城镇	农村	还原样本①
父辈收入	0.2437*** (0.0131)	0.3943*** (0.0315)	0.2134*** (0.0152)	0.2172*** (0.0150)
子辈年龄	0.1647*** (0.0162)	0.1958*** (0.0424)	0.1681*** (0.0179)	0.1618*** (0.0177)
子辈年龄的平方	－0.0022*** (0.0003)	－0.0026*** (0.0007)	－0.0022*** (0.0003)	－0.0021*** (0.0003)
常数	4.8292*** (0.2566)	2.7231*** (0.6629)	5.1005*** (0.2902)	5.1545*** (0.2866)

注：表中汇报的是估计系数，括号内为标准误，***、**、*分别代表在1%、5%、10%的水平上显著。

① 外来务工人员基本上都还原到农村样本中了，故对城镇样本的代际收入弹性几乎没有影响，估算的结果相同此处不再单独列出来。

城乡居民不同收入阶层的代际收入弹性差异也十分显著。从总体趋势上看，城镇和农村收入阶层与代际收入弹性呈现出“U形”变化关系（图3－10），即随着收入阶层的提高代际收入弹性先下降后上升，以收入阶层4为转折点。所有收入阶层中，第5阶层的代际收入弹性最大，平均达到0.47，其中城镇最高达到了0.53。第1阶层的代际收入弹性也较高，平均达到0.38，其中仍然是城镇最高为0.51。第4阶层的代际收入弹性最小平均值仅为0.16，其中还原样本最低为0.106。城镇居民和农村居民（还原样本后）各个阶层的代际收入弹性差值呈现出倒“U形”变化，随着收入阶层的提高城乡代际收入弹性差距先增大，从第3阶层后开始减小，其中差距最小的是第5阶层，城镇代际收入弹性仅比农村高0.07，差距最大的是第3阶层，城镇代际收入弹性比农村高0.24。

通过对城乡居民代际收入弹性的测算，我们发现城镇居民代际收入弹性远大于农村，将外来务工人员还原到其户籍所在分组后，农村居民代际收入弹性有略微增加，城乡居民代际收入弹性差距变小。同时城乡不同收入阶层内部的代际收入弹性差异显著，呈现出两端高中间低的特征，最低收入阶层和最高收入阶层的高代际收入弹性反映出较强的代际收入传承，可能出现贫困代际传递或阶层固化等现象，而中间收入阶层较低的代际收入弹性反映出较好的收入流动性，子辈收入阶层流动的空间相对较多。因此，下两章我们将从收入阶层的流动和职业阶层的流动两方面，来深入分析城乡居民代际流动性的特征和差异。

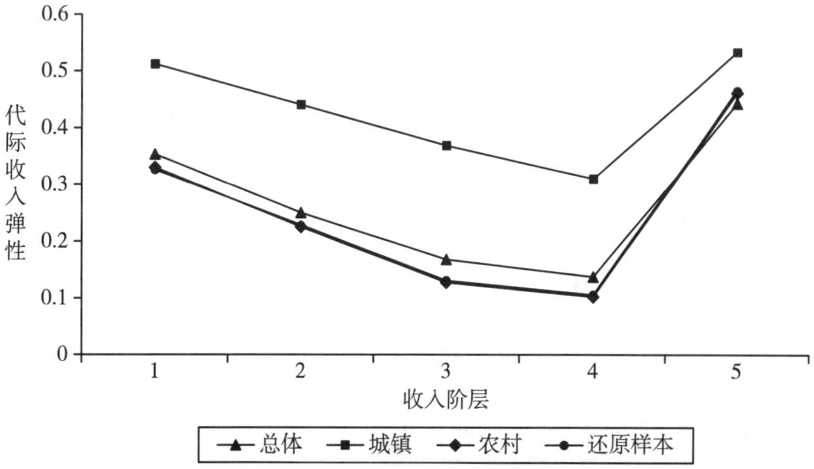

图3－10　不同收入阶层的城乡代际收入弹性比较[①]

---

① 农村样本的代际收入弹性与还原样本的代际收入弹性数值相近但不完全重合，故两条线在图中出现部分重叠。

第 4 章　城乡居民代际收入流动性测算

为了更清晰地在劳动力流动视角下，全面了解不同收入阶层间的代际收入传递状况和城乡差异，本章通过构建代际收入流动矩阵，对全样本、城镇、农村以及外来务工样本①中代际收入指数进行测算，以此分析不同阶层间的代际收入流动性水平。

4.1　代际收入阶层分布矩阵

代际收入流动指数的计算是基于代际收入阶层分布矩阵，因此本节先建立代际收入阶层分布矩阵，将父辈和子辈收入分别五等分，阶层 1—5 依次提高，以父辈收入阶层的划分为基准，计算出每个家庭子辈收入处于各阶层的比重，将每一个收入阶层分布的结果以矩阵的形式排列出来，即形成代际收入阶层分布矩阵，能够清楚地反映出父辈子辈所处的收入阶层以及代际收入阶层向上和向下流动的情况。

4.1.1　居民总体情况

城乡居民代际收入阶层分布矩阵见表 4 - 1，在全样本中，父辈收入在最低阶层时，子辈收入仍同时处于最低阶层的比例为 32%，子辈收入向上流动的比例达到 68%，且在各个向上阶层的比例分布相近，反映出低收入家庭子辈进入各个高收入阶层的机会较为均衡。父辈收入在最高阶层时，子辈收入仍处于同

① 本章所分析的样本为第 3 章筛选处理后的样本，所有表格里面的数据均为作者计算所得。

样阶层的比例为 43%，在所有代际收入流动类型中比例最高，表明最高收入家庭子辈继承父辈收入的概率最大；而子辈收入流向最低阶层的比例仅为 10%，在所有代际收入流动类型中比例最低，说明最高收入家庭子辈收入流向最低阶层的发生率最低。父辈收入处于第二阶层时，子辈收入向上流动的比例达到 54%，整体呈现向上流动趋势。而当父辈收入处于第三、第四阶层时，子辈收入流动的总体趋势向下。随着父辈收入阶层的提升，子辈收入流向最低阶层的比例逐渐下降；子辈收入流向最高阶层的比例随着父辈收入阶层的提高而增加。

表 4－1　　　　　　总体代际收入阶层分布矩阵

		子辈的收入阶层									
		全样本					城镇				
		1	2	3	4	5	1	2	3	4	5
父辈的收入阶层	1	0. 32	0. 19	0. 14	0. 18	0. 18	0. 45	0. 13	0. 14	0. 16	0. 12
	2	0. 19	0. 28	0. 18	0. 16	0. 20	0. 15	0. 20	0. 26	0. 23	0. 16
	3	0. 16	0. 24	0. 22	0. 17	0. 20	0. 15	0. 20	0. 16	0. 30	0. 19
	4	0. 13	0. 21	0. 21	0. 22	0. 23	0. 12	0. 19	0. 16	0. 33	0. 21
	5	0. 10	0. 14	0. 13	0. 19	0. 43	0. 12	0. 12	0. 07	0. 21	0. 49
		农村					外来务工				
		1	2	3	4	5	1	2	3	4	5
父辈的收入阶层	1	0. 32	0. 16	0. 15	0. 20	0. 18	0. 50	0. 25	0. 00	0. 06	0. 19
	2	0. 20	0. 27	0. 16	0. 17	0. 20	0. 09	0. 27	0. 36	0. 23	0. 05
	3	0. 17	0. 26	0. 20	0. 18	0. 20	0. 22	0. 22	0. 17	0. 06	0. 33
	4	0. 16	0. 22	0. 25	0. 19	0. 19	0. 08	0. 19	0. 15	0. 42	0. 15
	5	0. 12	0. 15	0. 16	0. 21	0. 36	0. 18	0. 09	0. 14	0. 18	0. 41

结合分样本代际收入流动特征，父辈收入处于最低阶层时，农村子辈收入同时处于最低阶层的比例最低仅为 32%，显著低于城镇样本的 45% 及外来务工样本的 50%，表明农村最低收入阶层子辈收入向上流动概率最高，而来自最低收入阶层家庭的外来务工人员子辈收入向上流动面临的阻碍较大。父辈收入处于最高阶层时，城镇子辈收入同时在最高阶层的比例最高达到 49%，其次是外来务工样本子辈为 41% 和农村样本子辈为 36%，显示出城镇最高收入家庭子辈收入向下流动可能性最低。在父辈处于中间收入阶层样本中，城镇子辈收入向

上流动的比例高于农村和外来务工人员子辈。随着父辈收入阶层的提升，城镇和农村子辈收入流向最低阶层的比例均逐渐下降，且流向最高阶层的比例逐渐增加，但这两个变化趋势在外来务工样本中并未明显表现出来。

4.1.2 子辈25岁及以下的情况

子女年龄在25岁及以下的全部家庭中（表4－2），父辈收入处于最低阶层时，子辈收入仍同时处于最低阶层的比例为42%，子辈收入向上流动的比例为58%，且多数流向的是中间收入阶层（2—4层），流向高收入阶层的比例仅9%，是流向中间收入阶层的27%，反映出该年龄段的家庭子辈由于某些原因（例如较为年轻，拥有“年龄优势”，存在着继续提升收入的空间）较少进入高收入阶层。父辈收入处于最高阶层时，子辈收入同样位于最高阶层的比例为32%，子辈收入向下流动的比例高达68%，且在各个向下阶层的比例分布相近，反映出高收入家庭子辈向下进入更低收入阶层的可能性较为平均。父辈收入在第二阶层时，子辈向上流动的比例达到40%，向下流动的比例为25%，因此，整体呈现向上流动的趋势。类似地，父辈收入在第三、第四阶层时，子辈收入整体呈现向下流动的趋势。

总体来看，随着父辈收入阶层的提升，子辈流向最低收入阶层的比例逐渐下降，流向更高收入阶层的比例逐渐下降，但流向最高收入阶层的比例逐渐上升。

从分样本的代际收入阶层分布矩阵来看，父辈收入处于最低阶层时，农村子辈收入同时处于最低阶层的比例最低仅为42%，显著低于城镇样本的63%及外来务工样本的57%，表明农村最低收入阶层子辈收入向上流动概率最高，而来自最低收入阶层家庭的城镇人员子辈收入向上流动面临的阻碍较大。父辈收入处于最高阶层时，外来务工人员子辈收入同时在最高阶层的比例达到了38%，其次是城镇样本子辈为30%，最低的同样是农村样本子辈为28%，显示出位于最高收入阶层的外来务工样本子辈收入向下流动的可能性最低。在父辈处于中间收入阶层的样本中，外来务工人员子辈收入向上流动的比例高于城镇和农村人员子辈。

随着父辈收入阶层的提升，农村子辈收入流向最低阶层的比例逐渐下降，且流向最高阶层的比例逐渐增加，除了个别样本，城镇子辈样本大体上也是呈现这样的两种趋势，但这两种变化趋势在外来务工样本中没有体现。

表 4－2　　子辈 25 岁及以下样本代际收入阶层分布矩阵

		子辈的收入阶层									
		全样本					城镇				
		1	2	3	4	5	1	2	3	4	5
父辈的收入阶层	1	0.42	0.21	0.11	0.16	0.09	0.63	0.18	0.09	0.06	0.04
	2	0.25	0.36	0.19	0.10	0.11	0.27	0.22	0.19	0.21	0.11
	3	0.21	0.31	0.21	0.15	0.12	0.23	0.22	0.16	0.29	0.10
	4	0.17	0.24	0.26	0.19	0.13	0.16	0.20	0.16	0.35	0.12
	5	0.15	0.18	0.15	0.20	0.32	0.21	0.16	0.09	0.25	0.30
		农村					外来务工				
		1	2	3	4	5	1	2	3	4	5
父辈的收入阶层	1	0.42	0.16	0.14	0.18	0.10	0.57	0.29	0.00	0.14	0.00
	2	0.24	0.34	0.18	0.13	0.11	0.08	0.23	0.54	0.08	0.08
	3	0.23	0.32	0.21	0.13	0.12	0.17	0.25	0.17	0.00	0.42
	4	0.19	0.26	0.31	0.15	0.10	0.13	0.13	0.25	0.38	0.13
	5	0.15	0.18	0.19	0.19	0.28	0.15	0.08	0.23	0.15	0.38

4.1.3　子辈 25 岁以上的情况

子女年龄在 25 岁以上的全部家庭中（表 4－3），父辈收入处于最低阶层时，子辈收入仍同时处于最低阶层的比例为 25%，子辈收入向上流动的比例为 75%，且在各个向上阶层的分布比例较为均衡，反映出低收入家庭子辈能有较为平等的机会进入各个高收入阶层。父辈收入处于最高阶层时，子辈收入同样位于最高阶层的比例为 57%，在所有代际收入流动类型中比例最高，表明最高收入家庭子辈继承父辈收入的概率最大，而这一阶层中子辈收入流向最低阶层的比例仅为 5%，在所有代际收入流动类型中比例最低，说明最高收入家庭子辈收入流向最低阶层的发生率非常低。父辈收入在第二阶层时，子辈向上流动的比例达到 67%，向下流动的比例为 13%，呈现明显的向上流动趋势。父辈收入处于第三阶层时，同样整体呈现向上流动的趋势。而当父辈收入处于第四阶层时，子辈收入流动的总体趋势向下。

总体上看，随着父辈收入阶层的提升，子辈流向最低收入阶层的比例逐渐下降，流向最高收入阶层的比例逐渐上升。

从分样本的代际收入阶层分布矩阵来看，父辈收入处于最低阶层时，农村子辈收入同时处于最低阶层的比例最低仅为25%，显著低于城镇样本的34%及外来务工样本的44%，表明农村最低收入阶层子辈收入向上流动概率最高，而来自最低收入阶层家庭的外来务工人员子辈收入向上流动面临的阻碍较大（面临阻碍的原因或许是由于样本中外来务工成员年龄偏大，失去了年龄优势，获取更高收入的能力更弱）。父辈收入处于最高阶层时，城镇样本子辈收入同时在最高阶层的比例达到了62%，其次是农村样本子辈为49%，最低则是外来务工人员子辈为44%，显示出位于最高收入阶层的城镇样本子辈收入向下流动的可能性最低。在父辈处于中间收入阶层的样本中，外来务工人员子辈收入向上流动的比例明显低于城镇和农村人员子辈。

概括来看，随着父辈收入阶层的提升，除了个别样本，农村子辈收入流向最低阶层的比例逐渐下降，且流向最高阶层的比例逐渐增加，城镇子辈样本大体上也是呈现这样的两种趋势，但这两种变化趋势在外来务工样本中没有体现。

表4-3　子辈25岁以上样本代际收入阶层分布矩阵

		子辈的收入阶层									
		全样本					城镇				
		1	2	3	4	5	1	2	3	4	5
父辈的收入阶层	1	0.25	0.17	0.16	0.19	0.23	0.34	0.10	0.17	0.22	0.17
	2	0.13	0.20	0.17	0.22	0.28	0.07	0.19	0.30	0.25	0.19
	3	0.10	0.17	0.24	0.20	0.30	0.07	0.17	0.16	0.32	0.27
	4	0.08	0.18	0.15	0.24	0.35	0.07	0.17	0.15	0.31	0.30
	5	0.05	0.09	0.11	0.19	0.57	0.06	0.09	0.05	0.18	0.62
		农村					外来务工				
		1	2	3	4	5	1	2	3	4	5
父辈的收入阶层	1	0.25	0.15	0.16	0.21	0.23	0.44	0.22	0.00	0.00	0.33
	2	0.15	0.20	0.15	0.21	0.28	0.11	0.33	0.11	0.44	0.00
	3	0.09	0.19	0.19	0.24	0.29	0.33	0.17	0.17	0.17	0.17
	4	0.12	0.16	0.16	0.24	0.31	0.00	0.30	0.00	0.50	0.20
	5	0.05	0.10	0.12	0.24	0.49	0.22	0.11	0.00	0.22	0.44

4.1.4 总结

从代际收入阶层分布情况来看，无论是全样本还是分年龄组的样本，农村家庭子辈跳出最低收入阶层向上流动的概率都较高，说明相当大比例的农村低收入家庭子女已经跳出了贫穷阶层。而且随着父辈收入阶层的提升，城镇和农村子辈收入向下流动到最低阶层的比例逐渐减少，流向最高阶层的比例逐渐增加，但这两种变化趋势在外来务工样本中未明显表现出来。在 25 岁及以下年龄组中外来务工人员子辈收入更多地向上流动，一种可能的解释是，外来务工人员通过打工实现较快的收入增长，由于拥有“年龄优势”，相较年长的前辈更容易获得工作和提高收入的机会。相比而言，该年龄组中的城镇家庭子辈可能是由于暂时面临“就业难”等困境失去了竞争优势，因此，相对于父辈和同辈中的农村、外来务工人员，其收入向上流动的机会较低。而 25 岁以上年龄组中的外来务工人员子辈收入向上流动面临的阻碍较大，面临阻碍的原因或许是由于这些样本的外来务工成员年龄偏大，失去了年龄优势，获取更高收入的能力较弱。

同时，无论是全样本还是分年龄段的样本，农村最低收入阶层子辈向上流动的概率都是最高的，要高于城镇样本和外来务工人员样本。

4.2 代际收入指数测算

4.2.1 测算方法

代际收入阶层分布矩阵能够较好地反映出父辈子辈收入所处的阶层分布，表现出父辈子辈收入的流动方向，但在每一个收入阶层中，代际收入变动是以传承为主还是流动为主并不能完全表现出来。本节在 Blau and Ducan（1967）对流动趋势和流动概率（mobility trends and ratios）解释的基础上，结合周兴(2014)[①] 对代际职业流动性指数计算原理，进一步构建代际收入指数 M_{ij}，从代

① 此篇论文中构建的虽然是代际职业流动指数，但也是对职业按照级别进行了划分，与本书对收入按阶层划分的原理相同。

际收入的传承性和流动性两方面来衡量代际收入的变动，所有阶层的代际收入指数共同构成代际收入流动矩阵。P_{ij}是父辈收入阶层为 i、子辈收入阶层为 j 时的频数，如果父辈子辈收入阶层服从随机分布，则 P_{ij}的实际观察频数与随机分布的期望频数 E（P_{ij}）应该趋于相等，即两者的比值接近 1，当比值偏离 1 时，即可视作父辈子辈收入阶层之间的流动，用代际收入指数 M_{ij}表示，指当父辈收入在 i 阶层时，子辈收入处于 j 阶层的实际观察频数与随机分布的期望频数之比。具体的计算公式如下：

$$M_{i_0,j_0} = P_{i_0,j_0} / \mathrm{E}\left(P_{i_0,j_0}\right) \tag{4-1}$$

$$M_{i_0,j_0} = P_{i_0,j_0} / \frac{\sum_{i=1}^{n} P_{i,j_0} \sum_{j=1}^{n} P_{i_0,j}}{\sum_{i=1}^{n} \sum_{j=1}^{n} P_{i,j}} \tag{4-2}$$

M_{ij}大于 1 时表示，父辈收入在 i 阶层时，子辈收入在 j 阶层的实际频数大于期望频数，表明父辈收入在 i 阶层时子辈收入在 j 阶层的可能较大，小于 1 则表明可能性较小。当 i = j 时，即代际收入流动矩阵对角线上的值，可以视作代际收入的传承性，衡量父辈收入处于某个阶层时，子辈收入仍处于相同阶层的可能性。当 M_{ij} > 1 时，其值越大，代际收入传承性越高。当 i≠j 时，即代际收入流动矩阵非对角线上的值，可以视作代际收入的流动性，衡量父辈收入处于某个阶层时，子辈收入流到其他阶层的可能性。M_{ij}的值越小时，代际收入流动性越小。

4.2.2 居民总体情况

代际收入流动矩阵（表 4 – 4）显示，全样本中对角线上的 5 个值均大于 1，反映出社会各个收入阶层均存在明显的代际收入传承现象。其中最低收入阶层代际收入传承指数最高，说明最低收入家庭中代际的收入传承性是所有收入阶层中最高的。中间收入阶层（第 2—4 阶层）代际收入传承指数明显低于最低和最高收入阶层，说明位于收入分配底端和顶端家庭的代际收入传承性更为显著。与其他阶层相比，在最低收入阶层中，代际收入流动指数均小于 1，其代际收入流动性最弱。收入在第 2 和第 4 阶层的代际收入流动指数大于 1 的取值均有 2 个，而收入在第 3 和第 5 阶层的代际收入流动指数大于 1 的取值仅有 1 个且第 3 阶层的值普遍大于第 5 阶层，说明第 2 和第 4 阶层的代际收入流动性高于第 3 阶层和第 5 阶层。

表 4 - 4　　总体代际收入流动矩阵

		子辈的收入阶层									
		全样本					城镇				
		1	2	3	4	5	1	2	3	4	5
父辈的收入阶层	1	1.82	0.88	0.78	0.95	0.71	2.32	0.79	0.89	0.65	0.50
	2	1.06	1.32	1.00	0.87	0.79	0.76	1.21	1.68	0.95	0.66
	3	0.87	1.15	1.25	0.95	0.83	0.78	1.18	1.02	1.24	0.79
	4	0.74	1.00	1.19	1.18	0.92	0.60	1.12	1.03	1.34	0.88
	5	0.58	0.66	0.75	1.04	1.74	0.62	0.72	0.42	0.84	2.04
		农村					外来务工				
		1	2	3	4	5	1	2	3	4	5
父辈的收入阶层	1	1.71	0.75	0.81	1.04	0.78	2.60	1.24	0.00	0.30	0.85
	2	1.05	1.26	0.89	0.92	0.88	0.47	1.35	2.10	1.07	0.21
	3	0.89	1.23	1.07	0.95	0.86	1.16	1.10	0.96	0.26	1.51
	4	0.86	1.02	1.33	0.99	0.84	0.40	0.95	0.89	2.00	0.70
	5	0.62	0.70	0.89	1.12	1.58	0.95	0.45	0.79	0.86	1.85

从代际收入指数来看，各个阶层的代际收入流动指数明显低于传承指数（大部分行对角线的值为该行最大值），即各个阶层的代际收入变动主要以代际传承性为首。处于最低和最高收入阶层的家庭表现出较高的代际收入传承性，而中间收入阶层的代际收入流动性更高。

与全样本相比，城镇、农村、外来务工分样本的代际收入传承性和流动性发生了较大变化，各个阶层不再表现出以代际收入传承性为首的主要特征。处于收入分配两端家庭的代际收入传承指数仍然最大，最低收入家庭表现出最强的代际收入传承性，且外来务工家庭最高达到 2.6，其次是城镇家庭的 2.32 以及农村家庭的 1.71；而最高收入阶层中城镇家庭代际收入传承指数最高，其次是外来务工家庭和农村家庭，也表现出较强的代际收入传承性。在第 2 和第 3 收入阶层中，外来务工家庭的代际收入流动指数有 2 个大于 1 的值，代际收入流动性最高，其次是城镇家庭和农村家庭。在第 4 收入阶层中，城镇家庭代际收入流动性最高，其次是农村家庭，而外来务工家庭在此阶层代际收入流动性最弱，但代际收入传承指数却高达 2.0。

总体而言，分样本中代际收入的传承性也主要体现在收入分配两端的家庭，其中城镇家庭的传承性最高，其次是外来务工家庭，农村家庭的代际收入传承性相对较弱。代际收入流动性主要体现在中间收入阶层的家庭中，其中最高的是外来务工家庭，反映出劳动力流动对收入流动性有一定的带动作用。

4.2.3 子辈25岁及以下的情况

子辈25岁及以下的代际收入流动矩阵（表4-5）显示，全样本中对角线上的5个值均大于1，反映出社会各个收入阶层均存在明显的代际收入传承现象。其中最高收入阶层代际收入传承指数最高，说明最高收入家庭中代际的收入传承性是所有收入阶层中最高的。中间收入阶层2—4代际收入传承指数明显低于最低和最高收入阶层，说明位于收入分配底端和顶端家庭的代际收入传承性相较而言更为显著。与其他阶层相比，在最低收入阶层中，代际收入流动指数均小于1，其代际收入流动性最弱。中间收入阶层和最高收入阶层的代际收入流动指数大于1的值均只有1个，且第4阶层的值普遍大于第5阶层，说明第4阶层的代际收入流动性高于第5阶层。但是总体上除了最低收入阶层代际收入流动性与其他阶层存在较大差异，其他四个阶层的代际收入流动性差异不大。

从代际收入指数来看，第1、2、5阶层的代际收入传承指数要高于流动指数，即这三个阶层的代际收入变动主要以代际传承性为首，其他两个阶层以代际流动性为主。处于最低和最高收入阶层家庭的代际传承指数较大，表现出较高的代际收入传承性，而中间收入阶层的代际收入流动性更高。

表4-5　　子辈25岁及以下样本代际收入流动矩阵

		子辈的收入阶层									
		全样本					城镇				
		1	2	3	4	5	1	2	3	4	5
父辈的收入阶层	1	1.85	0.81	0.60	0.99	0.59	2.18	0.92	0.65	0.25	0.32
	2	1.08	1.38	0.99	0.62	0.67	0.95	1.12	1.38	0.86	0.79
	3	0.93	1.21	1.10	0.91	0.73	0.81	1.13	1.12	1.20	0.75
	4	0.75	0.92	1.37	1.20	0.84	0.57	1.01	1.19	1.47	0.87
	5	0.66	0.70	0.80	1.20	2.00	0.73	0.82	0.62	1.03	2.13

续表

		农村					外来务工				
		1	2	3	4	5	1	2	3	4	5
父辈的收入阶层	1	1.82	0.65	0.66	1.15	0.66	3.17	1.58	0.00	0.87	0.00
	2	1.06	1.33	0.85	0.86	0.72	0.43	1.28	2.05	0.47	0.36
	3	1.00	1.25	0.99	0.83	0.78	0.92	1.39	0.64	0.00	1.96
	4	0.83	1.02	1.47	0.93	0.64	0.69	0.69	0.95	2.29	0.59
	5	0.67	0.70	0.92	1.24	1.87	0.85	0.43	0.88	0.94	1.80

与全样本相比，城镇、农村、外来务工样本的代际收入传承性和流动性未发生较大的变化。城镇家庭和外来务工样本中的第 1、3、5 阶层的代际收入传承指数要高于流动指数，即这三个阶层的代际收入变动主要以代际传承性为首，其他两个阶层以代际流动性为主。农村家庭样本与全样本相同，第 1、2、5 阶层的代际收入传承指数高于流动指数，这些阶层的代际收入变动以代际传承性为主。在各分样本中，处于收入阶层两端家庭的代际收入传承指数仍然最大，最低和最高收入家庭表现出较强的代际收入传承性，且外来务工家庭最高达 3.17，其次是城镇家庭的 2.18 以及农村家庭的 1.87。在第 2 和第 3 收入阶层中，三个分样本中代际收入流动指数有 3 个大于 1 的值，代际收入流动性类似。而第 4 收入阶层中，城镇和农村家庭样本代际收入流动指数都有两个大于 1 的值，外来务工样本中没有大于 1 的值，显示出外来务工家庭在此阶层代际收入流动性最弱，但代际收入传承指数却高达 2.29。

概括来看，全样本与分样本中代际收入的传承性均主要体现在收入分配两端的家庭，其中外来务工家庭和城镇家庭的传承性较高，农村家庭的代际收入传承性相对较弱。代际收入流动性主要表现在中间收入阶层的大部分家庭中，当处于较低收入阶层时，城镇、农村以及外来务工家庭均具有一定的代际收入流动性。随着收入进入较高阶层，代际收入流动性会下降，外来务工家庭尤为明显，并且在外来务工家庭中显现较高的代际收入传承性，反映出外来务工家庭在逐渐地适应劳动力流动后，其代际收入传递特征开始向城镇家庭趋同。

4.2.4　子辈 25 岁以上的情况

子辈 25 岁以上的代际收入流动矩阵（表 4－6）显示，全样本中对角线上的

5个值均大于1，反映出社会各个收入阶层均存在明显的代际收入传承现象。其中最低收入阶层代际收入传承指数最高，说明最低收入家庭中代际的收入传承性是所有收入阶层中最高的。中间收入阶层2—4代际收入传承指数明显低于最低和最高收入阶层，说明位于收入分配底端和顶端家庭的代际收入传承性相较而言更为显著。与其他阶层相比，在最高收入阶层中，代际收入流动指数小于1的有4个，其代际收入流动性最弱。第2阶层中代际收入流动指数大于1的值有3个，第3阶层中代际收入流动指数大于1的值仅有1个，第4阶层中代际收入流动指数大于1的值有2个，说明第2阶层的代际收入流动性最高，其次分别为第4阶层和第2阶层。但是总体上除了最低收入阶层代际收入流动性与其他阶层存在较大差异，其他四个阶层的代际收入流动性差异不大。

表4-6　　子辈25岁以上样本代际收入流动矩阵

		子辈的收入阶层									
		全样本					城镇				
		1	2	3	4	5	1	2	3	4	5
父辈的收入阶层	1	2.00	1.05	0.94	0.90	0.69	2.75	0.71	1.00	0.89	0.53
	2	1.06	1.24	1.02	1.04	0.83	0.55	1.32	1.81	1.00	0.60
	3	0.77	1.04	1.42	0.98	0.87	0.59	1.20	0.96	1.29	0.86
	4	0.65	1.08	0.90	1.19	1.03	0.57	1.21	0.92	1.23	0.94
	5	0.36	0.56	0.66	0.90	1.68	0.47	0.64	0.30	0.71	1.97
		农村					外来务工				
		1	2	3	4	5	1	2	3	4	5
父辈的收入阶层	1	0.65	0.93	1.00	0.92	0.74	2.12	0.96	0.00	0.00	1.43
	2	1.11	1.23	0.97	0.93	0.90	0.53	1.43	2.39	1.59	0.00
	3	0.65	1.16	1.19	1.06	0.93	1.59	0.72	3.58	0.60	0.72
	4	0.89	0.99	1.04	1.06	0.99	0.00	1.29	0.00	1.79	0.86
	5	0.38	0.58	0.75	1.07	1.56	1.06	0.48	0.00	0.80	1.91

从代际收入指数来看，各个阶层的代际收入流动指数要明显低于代际收入传承指数，即各个阶层的代际收入变动主要呈现代际传承性。处于最低和最高收入阶层家庭的代际传承指数较大，表现出较高的代际收入传承性，而中间收入阶层的代际收入流动性更高。

与全样本相比，城镇、农村、外来务工分样本的代际收入传承性和流动性发生了较大变化，部分收入阶层出现了不以代际收入传承性为首的特征。城镇和外来务工样本中处于收入分配两端的家庭代际收入传承指数仍然最大，并且最低收入家庭表现出最强的代际收入传承性，其中城镇家庭最高达到 2.75，其次是外来务工家庭的 2.12。而农村样本中，处于最高收入阶层和中间收入阶层的家庭仍表现出较强的代际收入传承性，但最低收入阶层的农村家庭代际收入传承指数仅为 0.65，代际收入传承性较弱，这些家庭向收入上流动的可能性较高。在第 2 收入阶层中，外来务工家庭的代际收入流动指数有两个大于 1 的值，代际收入流动性最高，其次是城镇家庭和农村家庭。在第 3 收入阶层中，城镇和农村家庭的代际收入流动指数有两个大于 1 的值，他们的代际收入流动性高于外来务工家庭。第 4 收入阶层中三个分样本的代际收入流动性较为接近。

整体而言，全样本与城镇样本、外来务工人员样本中代际收入的传承性主要体现在收入分配两端的家庭，农村样本中代际收入的传承性仅体现在最高收入阶层的家庭。总体来看，城镇家庭和外来务工家庭的传承性要强于农村家庭。代际收入流动性主要体现在中间收入阶层的家庭，处于最低收入阶层时，农村家庭具有较强的代际收入流动性，城镇、农村和外来务工人员的代际收入流动性较为类似，而城镇家庭和外来务工人员的代际收入传承性要强于农村样本。

4.2.5　总结

从代际收入流动情况来看，无论是全样本还是分年龄组的样本，处于最低和最高收入阶层的家庭均表现出较高的代际收入传承性，这表明低收入家庭子女向上流动的通道仍然存在一定的障碍，且存在一定的高收入阶层固化的现象。总体上看，城镇家庭和外来务工家庭的代际收入传承性要强于农村家庭，低收入阶层家庭具有较高的代际收入流动性，处于最低收入阶层的农村家庭具有较强的代际收入流动性，有着更大的可能向上流动。

从分年龄组的情况来看，子辈 25 岁及以下的样本显示，外来务工家庭的代际收入流动性会随着父辈收入阶层的提升显著下降，并且外来务工家庭会逐渐表现出较强的代际收入传承性，反映出较为年轻的外来务工家庭群体慢慢适应了这种劳动力流动，开始往阶级固化的情况发展。而子辈 25 岁以上的样本更加凸显了这个特点，不仅是外来务工人员，城镇家庭的代际收入传承性也较为突出，他们的代际收入流动性均弱于农村家庭。这说明年龄在一定程度上影响了这些家庭，年轻的子辈有着更大的可能向上突破他们父辈的收入阶层，而年长一点的子辈却由于某些原因失去了向上流动的机会。

第 5 章　城乡居民代际职业流动性测算

结合本书的分析框架，劳动力的垂直流动即职业传递也是代际收入传递的一个重要路径，是影响代际收入分配以及造成收入差距的重要因素（邢春冰，2008；吴晓刚，张卓妮，2014；周兴等，2014）。因此，本章对城镇、农村和外来务工家庭父辈和子辈之间的职业流动性进行剖析，不同家庭代际间的职业是通过传承还是流动形成关联，从而对居民的收入分层与收入差距产生影响。

5.1　测算方法

代际职业流动性的测算方法与代际收入流动测算类似，在构建代际职业阶层分布矩阵的基础上测算每一个父辈职业阶层与子辈职业阶层对应位置的代际职业指数，所有阶层的代际职业指数共同构成代际职业流动矩阵。在代际职业阶层分布矩阵中，O_{i_0,j_0}是父辈职业为i_0、子辈职业为j_0时的频数，如果父辈子辈职业服从随机分布，则O_{i_0,j_0}的实际观察频数与随机分布的期望频数$E(O_{i_0,j_0})$应该趋于相等，即两者的比值接近 1，当比值偏离 1 时，即可视作父辈子辈职业之间的流动，用代际职业指数K_{i_0,j_0}表示，指当父辈职业为i_0时，子辈职业为j_0的实际观察频数与随机分布的期望频数之比。具体的计算公式如下：

$$K_{i_0,j_0} = O_{i_0,j_0} / \mathrm{E}\ (O_{i_0,j_0}) \tag{5-1}$$

$$K_{i_0,j_0} = O_{i_0,j_0} / \frac{\sum_{i=1}^{n} O_{i,j_0} \sum_{j=1}^{n} O_{i_0,j}}{\sum_{i=1}^{n} \sum_{j=1}^{n} O_{i,j}} \tag{5-2}$$

K_{i_0,j_0} 大于 1 时表示，父辈职业为 i_0 时，子辈职业为 j_0 的实际频数大于期望频数，表明父辈职业为 i_0 时子辈职业为 j_0 的可能较大，小于 1 则表明可能性较小。当 $i_0 = j_0$ 时，即代际职业流动矩阵对角线上的值，可以视作代际职业的传承性，

衡量父辈职业为 i_0 时，子辈职业相同的可能性。当 $K_{i_0,j_0}>1$ 时，其值越大，代际职业传承性越高。当 $i_0 \neq j_0$ 时，即代际职业流动矩阵非对角线上的值，可以视作代际职业的流动性，衡量父辈职业为 i_0 时，子辈从事其他职业的可能性。K_{i_0,j_0} 的值越小时，代际职业流动性越小。职业阶层分类与第 3 章相同，从低到高总共分为 7 类，依次是：①非正规就业人员；②农民；③工人；④商服人员；⑤办事人员；⑥专业技术人员；⑦高级管理人员。

5.2　居民总体情况

全样本代际职业流动矩阵中（表 5 - 1），所有对角线上的取值均大于 1 且都是该行的最大值，表明在 7 个职业阶层中，子辈与父辈从事相同职业的实际概率大于随机分布的期望值，即整个社会的家庭中，各种职业都表现出较强的代际传承性。其中，高级管理人员的代际职业传承指数最大达到 12.13，说明高级管理人员家庭的代际职业传承性最高，也反映出其他职业阶层家庭的子辈进入最高职业阶层面临非常高的门槛。农民家庭的代际职业传承指数仅次于高级管理人员家庭，达到 9.06，反映出农民家庭子辈的代际职业传承性较高，进入其他高阶职业阻碍不小。办事人员家庭和专业技术人员家庭的代际职业传承指数都在 3.0 以上，前者的工作单位性质造成了家庭社会资本网络和职业阶层固化的可能性，后者的工作岗位存在专业技术性要求，可能会使父辈对子辈的专业化人力资本投资高于其他家庭（周兴等，2014），都从客观上导致“子承父业”现象的出现。而工人家庭和商服人员家庭的代际职业传承性相对较低，都在 1.5 左右，表明父辈从事这两类职业的家庭中，子辈的首要选择虽然是与父辈同类型的职业，但考虑其他职业类别的可能性比另外 5 类家庭高。

除对角线上的取值大于 1 外，全样本代际职业流动矩阵中其他取值大部分小于 1，反映出整个社会家庭中，代际职业的流动性不高，子辈从事与父辈不同职业的概率相对较低。农民家庭的子辈从事商服业的可能性相对较高，但进入高级管理人员职业阶层的代际职业流动指数仅为 0.12。农民家庭、工人家庭和商服人员家庭子辈进入与父辈不同职业类型的概率较低，而办事人员家庭、专业技术人员家庭以及高级管理人员家庭子辈在这三种职业阶层之间的流动性较为明显（相互之间出现大于 1 的值）。

综合以上分析发现，父辈职业为高级管理人员和农民家庭的子辈从事与父辈相同职业的概率最大，这两种职业类别的高传承性反映出高阶层的高进入壁垒和低阶层的高流出壁垒。高职业阶层家庭之间的代际职业流动性较强，高职业阶层家庭子辈流向低职业阶层的可能性较小，同时低职业阶层家庭子辈进入高职业阶层的概率也较小，整个社会各职业阶层之间的流动存在一定的阻碍。

表 5－1　　　　全样本代际职业流动矩阵

		子辈的职业阶层						
		1	2	3	4	5	6	7
父辈的职业阶层	1	5.02	0.26	0.69	0.83	0.80	0.36	0.36
	2	0.79	9.06	0.91	1.19	0.65	0.83	0.12
	3	0.47	0.48	1.50	0.91	0.68	0.49	0.08
	4	0.61	0.86	0.76	1.58	0.98	0.88	0.14
	5	0.89	0.00	0.63	0.86	3.01	1.42	0.10
	6	0.25	0.27	0.48	0.53	1.06	3.56	3.28
	7	0.38	0.00	0.45	0.31	1.37	1.44	12.13

注：因筛选后的数据样本量有限，并非所有职业阶层均有对应的父辈或者子辈，故矩阵中会出现计算结果为 0 的情况。

与全样本相似，分样本城镇（表 5－2）、农村（表 5－3）以及外来务工（表 5－4）家庭中的各职业阶层也表现出明显的代际职业传承性（对角线上各职业阶层的代际传承指数均大于 1）。在各职业阶层中，农民家庭和高级管理人员家庭的代际职业传承性最高，当父辈位于这两类职业阶层时，子辈从事与父辈相同职业的可能性最大。父辈职业为农民时，外来务工家庭的代际传承指数高

表 5－2　　　　城镇样本代际职业流动矩阵

		子辈的职业阶层						
		1	2	3	4	5	6	7
父辈的职业阶层	1	6.12	0.00	0.89	0.82	0.66	0.26	0.00
	2	0.47	14.87	0.94	1.52	0.46	0.49	0.00
	3	0.46	0.00	1.90	0.90	0.89	0.40	0.18
	4	0.77	1.40	0.87	1.44	0.71	0.92	0.14
	5	0.55	0.00	0.60	0.80	1.78	1.40	0.00
	6	0.46	0.00	0.42	0.65	1.00	2.55	1.48
	7	0.81	0.00	0.54	0.38	1.48	0.84	11.04

表5-3 农村样本代际职业流动矩阵

		子辈的职业阶层						
		1	2	3	4	5	6	7
父辈的职业阶层	1	4.66	0.29	0.63	0.84	1.04	0.41	0.42
	2	0.80	7.71	0.87	1.16	0.90	0.95	0.14
	3	0.45	0.54	1.37	0.95	0.72	0.55	0.07
	4	0.56	0.74	0.80	1.59	1.12	0.80	0.16
	5	1.25	0.00	0.79	0.91	3.34	0.93	0.20
	6	0.19	0.38	0.50	0.48	1.04	4.10	3.73
	7	0.22	0.00	0.47	0.28	0.59	1.87	13.38

表5-4 外来务工样本代际职业流动矩阵

		子辈的职业阶层						
		1	2	3	4	5	6	7
父辈的职业阶层	1	0.00	0.00	1.12	1.48	0.00	0.00	0.00
	2	0.00	34.67	0.00	0.74	0.00	3.15	0.00
	3	0.00	0.00	2.34	0.47	0.79	0.57	0.00
	4	2.48	0.00	0.32	1.74	1.24	0.45	0.00
	5	0.00	0.00	0.00	2.21	0.00	0.00	0.00
	6	0.00	0.00	0.59	0.39	0.00	3.34	3.40
	7	0.00	0.00	0.00	0.00	5.20	0.00	9.24

达34.67，明显高于城镇家庭的14.87和农村家庭的7.71，说明与农村家庭和城镇家庭相比，外来务工家庭子辈向上进入其他更高阶层职业的阻碍更大。父辈职业为高级管理人员时，农村家庭的代际职业传承指数为13.38，其次是城镇家庭的11.04和外来务工家庭的9.24，三种家庭都表现出较高的传承性，反映出高阶层职业进入的高门槛。分析其他职业阶层可以发现，父辈为工人或者商服人员时，外来务工家庭的代际职业传承指数更高；父辈为办事人员时，农村家庭的代际职业传承指数更高；而父辈为专业技术人员时，城镇家庭、农村家庭和外来务工家庭的代际职业传承指数分别为2.55、4.1和3.34，均在2.0以上，"子承父业"的现象比较常见，可能受到父辈对子辈专业技术投资的影响。

对比分析城镇家庭、农村家庭以及外来务工家庭的代际职业流动矩阵，可以发现虽然三种类型家庭中代际职业流动性都较低，但是农村家庭子辈的代际职业流动性最高，其次是城镇家庭，最后是外来务工家庭。专业技术人员家庭的代际职业流动性最好，尽管专业技术人员家庭存在较高的代际职业传承性，其子辈更容易流向其他职业阶层。父辈为专业技术人员时，在农村家庭，子辈更有可能流向办事人员阶层（1.04）和高级管理人员阶层（3.73），城镇家庭和外来务工家庭的子辈也呈现相同的特点。城镇家庭中，办事人员家庭和专业技术人员家庭中子辈在这两种职业间的流动更明显；农村家庭中，专业技术人员家庭和商服人员家庭中子辈在这两种职业间的流动更明显；外来务工家庭中，办事人员家庭和商服人员家庭中子辈在这两种职业间的流动更明显。此外，父辈为高级管理人员时，子辈最不可能务农，而父辈职业为工人时，代际职业流动性最低。

总结来看，无论在城镇家庭、农村家庭还是外来务工家庭，各职业阶层都具有明显的代际传承性，而第二职业阶层（务农）和最高职业阶层（高级管理）的代际职业传承性最高，外来务工家庭中，父辈务农的子辈流入高阶层职业面临更大的阻碍。分样本中代际职业流动性都不高，社会各阶层的开放性较低，而父辈职业阶层越低，代际职业流动性越弱，各职业阶层之间的流动面临更大的阻碍。

5.3　子辈25岁及以下的情况

在子辈25岁及以下全样本代际职业流动矩阵中（表5－5），对角线上的取值均大于1，说明总体上子辈在就业初期会从事与父辈相同的职业，存在着明显的“子承父业”现象。高级管理人员家庭的传承指数为12.46，是所有职业阶层中最高的，说明高级管理人员家庭的子辈在职业生涯前期就能更加容易地进入较高的职业阶层，同时也反映了其他职业阶层家庭子辈很难有一个较高的职业生涯“起点”。农民家庭25岁及以下的子辈，在选择从业时，很大的程度上会继续选择农业，概率为10.26，仅次于高级管理人员的传承指数，是一种低水平的传承，代际职业流动性较差。工人家庭和商服人员家庭的传承指数均稍大于1，非正规就业人员家庭、办事人员家庭和专业技术人员家庭的传承指数均大于3，表现出更强的职业代际传承现象。

表5-5　　子辈25岁及以下全样本代际职业流动矩阵

		子辈的职业阶层						
		1	2	3	4	5	6	7
父辈的职业阶层	1	4.76	0.75	0.64	0.79	0.96	0.38	0.43
	2	0.91	10.26	0.88	1.25	0.88	0.70	0.00
	3	0.44	0.38	1.45	0.91	0.82	0.52	0.07
	4	0.65	1.17	0.68	1.66	0.87	0.98	0.00
	5	0.52	0.00	0.81	0.84	3.05	1.40	0.26
	6	0.43	0.00	0.47	0.44	1.04	3.64	4.54
	7	0.63	0.00	0.52	0.21	0.71	2.02	12.46

除对角线上的值以外，矩阵中其余取值大部分小于1，子辈25岁及以下的代际职业流动性不强，仅存在少部分的职业流动。农民家庭、工人家庭和商服人员家庭的子辈，在从业初期很难流动到高级管理人员阶层。当父辈为办事人员和专业技术人员时，其25岁及以下子辈从事的职业存在向上流动的现象。专业技术人员家庭的年轻子辈从事高级管理的概率为4.54，高于办事人员家庭子辈职业向上流动的概率（1.40）。值得注意的是，农民家庭的年轻子辈从事商服职业的概率（1.25），以及商服人员家庭年轻子辈从事农业的概率（1.17）均大于1，说明这两个职业阶层之间流动性较好。在我国，商服人员很大一部分是进城务工的农民，近年来，新生代农民工正逐渐成为进城务工的主力；另外，农忙时期，进城务工的子辈会返回农村进行农业生产，“短暂”地成为农民。这种中国独特的城乡二元体制造就了农民、商服人员两个职业阶层之间较强的流动性。

分样本来看，25岁及以下的城镇（表5-6）、农村（表5-7）和外来务工（表5-8）子辈表现出不同的职业代际传承现象。城镇样本矩阵中的对角线取值除农民阶层外均大于1，农村样本矩阵中所有对角线取值均大于1，且传承指数高于城镇。而外来务工样本矩阵中，仅有工人家庭、商服人员家庭和专业技术人员家庭的传承指数大于1。农村家庭的年轻子辈在选择从业时，表现出比城镇样本和外来务工样本更强的代际传承性，除工人阶层外，农村家庭在其他六个职业阶层的传承指数取值上最高。当父辈从事农业时，只有农村家庭的年轻子辈会选择继续从事农业，且可能性较高（9.98）。外来务工家庭年轻子辈与城镇家庭和农村家庭的子辈相比，在工人阶层（2.22）、商服人员阶层（1.87）

表 5-6　　子辈 25 岁及以下城镇样本代际职业流动矩阵

		子辈的职业阶层						
		1	2	3	4	5	6	7
父辈的职业阶层	1	3.77	0.00	0.60	0.58	0.73	0.31	0.00
	2	0.00	0.00	0.25	1.45	0.73	0.39	0.00
	3	0.24	0.00	1.39	0.56	0.83	0.31	0.00
	4	0.50	2.31	0.55	1.04	0.46	0.86	0.00
	5	0.22	0.00	0.46	0.71	1.36	0.88	0.00
	6	1.02	0.00	0.40	0.53	0.47	1.76	2.23
	7	1.71	0.00	0.54	0.20	0.80	0.85	9.38

表 5-7　　子辈 25 岁及以下农村样本代际职业流动矩阵

		子辈的职业阶层						
		1	2	3	4	5	6	7
父辈的职业阶层	1	4.49	0.73	0.59	0.82	1.11	0.39	0.46
	2	0.95	9.98	0.89	1.16	1.00	0.78	0.00
	3	0.43	0.38	1.34	1.00	0.83	0.55	0.08
	4	0.71	1.02	0.74	1.66	1.00	0.88	0.00
	5	0.74	0.00	1.10	0.58	2.73	1.36	0.47
	6	0.26	0.00	0.47	0.36	1.46	4.03	4.70
	7	0.20	0.00	0.49	0.19	0.00	2.42	13.07

表 5-8　　子辈 25 岁及以下外来务工样本代际职业流动矩阵

		子辈的职业阶层						
		1	2	3	4	5	6	7
父辈的职业阶层	1	0.00	0.00	1.53	1.02	0.00	0.00	0.00
	2	0.00	0.00	0.00	2.03	0.00	0.00	0.00
	3	0.00	0.00	2.22	0.28	2.77	0.69	0.00
	4	0.00	0.00	0.24	1.87	0.00	0.00	0.00
	5	0.00	0.00	0.00	2.03	0.00	0.00	0.00
	6	0.00	0.00	0.31	0.20	0.00	4.58	6.10
	7	0.00	0.00	0.00	0.00	0.00	0.00	0.00

和专业技术人员（4.58）阶层的代际职业传承更高。而高级管理行业对外来务工家庭的子辈形成了较高的流入壁垒，只有城镇家庭和农村家庭的子辈能够“子承父业”。

外来务工年轻子辈职业代际流动性是三个样本中最差的，城镇年轻子辈流动性较好，农村的年轻子辈最好。当父辈为高级管理人员时，城镇的子辈在就业初期会尝试一些新兴职业，向下流动到非正规就业人员的概率为 1.71，而农村子辈更有可能流动到专业技术人员（2.42）。有趣的是，城镇农民家庭的年轻子辈几乎没有继承父业的，代际职业出现了向上流动，子辈从事商服人员职业的概率为 1.45；农村的农民家庭子辈有一定概率成为商服人员（1.16）和办事人员（1.00）；外来务工农民家庭的子辈职业向上流动，有较大概率从事商服业（2.03）。同时，城镇（2.31）和农村（1.02）商服人员家庭的子辈也有较大可能性向下流动到农民阶层，这两个阶层的流动较强。专业技术人员家庭年轻子辈的职业有较强的向上流动性，外来务工家庭子辈的流动性最强（6.10），农村家庭次之（4.70），城镇家庭最差（2.23）。

整体来看，25 岁及以下的城镇家庭和农村家庭各阶层均存在职业传承现象，25 岁及以下的年轻子辈就业时，还是存在一定的职业向上流动壁垒。高级管理人员家庭的代际职业传承性最强，农村家庭的农民子辈最有可能继续从事农业生产。而外来务工家庭的子辈职业传承仅局限在工人、商服人员和专业技术人员，职业阶层存在固化现象。父辈从事较低职业阶层时（商服人员及以下），子辈代际职业向上流动存在一定难度。当父辈从事较高职业阶层时（办事人员及以上），子辈才有较好的机会向上流动。

5.4　子辈 25 岁以上的情况

同样地，子辈 25 岁以上全样本代际职业流动矩阵的对角线取值均大于 1 且为每行的最大值，说明 25 岁以上的子辈仍然存在“子承父业”的现象。但与 25 岁及以下的子辈进行比较，可以发现，有 5 个职业阶层的传承指数出现了下降，非正规就业人员家庭和工人家庭的传承指数有所上升。非正规就业人员家庭和工人家庭的职业向上流动的概率整体上出现下降，同时工人家庭职业代际向下流动的概率有所上升，说明这两个职业阶层家庭的子辈都很难向上流动，存在着一定的阶层固化。高级管理人员家庭25岁以上的子辈职业存在向下流动的趋势，子辈从事办事人员和商服人员的概率有所上升。其他职业阶层家庭的子辈均有机会向上流动，农民家庭、商服人员家庭和办事人员25岁以上子辈职业向上流动的概率高于25岁及以下的子辈，而专业技术人员家庭子辈向上流动的概率出现下降。

总体而言，无论是25岁以上还是25岁及以下的子辈，均存在着职业的代际传承的现象，农民家庭和高级管理人员家庭的代际职业传承最强。25岁以上的子辈在职业中后期继承父业的概率相比25岁及以下的子辈有所降低，代际职业流动性得到了一定的加强，但各个职业阶层之间的流动壁垒仍然存在。见表5-9。

表5-9　　子辈25岁以上全样本代际职业流动矩阵

		子辈的职业阶层						
		1	2	3	4	5	6	7
父辈的职业阶层	1	5.31	0.00	0.75	0.88	0.70	0.34	0.29
	2	0.72	7.80	0.94	1.16	0.51	0.91	0.18
	3	0.50	0.58	1.57	0.91	0.59	0.46	0.08
	4	0.56	0.70	0.84	1.51	1.05	0.79	0.25
	5	1.24	0.00	0.50	0.90	2.83	1.42	0.00
	6	0.07	0.37	0.49	0.62	1.03	3.47	2.34
	7	0.15	0.00	0.40	0.39	1.65	1.01	11.70

再看25岁以上城镇子辈（表5-10）、农村子辈（表5-11）和外来务工子辈（表5-12）的代际职业流动矩阵，三个矩阵对角线上非零取值均大于1且为该行的最大值，表明随着年龄的增加，子承父业的现象仍然存在。整体来看，城镇25岁以上的子辈在各个职业阶层上都表现出比其他样本更低的传承性。在三个分样本中，农民家庭和高级管理人员家庭的传承指数均在前列，这两个职业阶层家庭出身的子辈在职业生涯中后期更有可能从事父辈的职业，其中外来务工子辈继续从事农业的传承指数高达21.5，说明外来务工家庭子辈向上进入

表 5－10　　子辈 25 岁以上城镇样本代际职业流动矩阵

		子辈的职业阶层						
		1	2	3	4	5	6	7
父辈的职业阶层	1	6.99	0.00	0.96	0.85	0.43	0.15	0.00
	2	0.71	15.13	1.28	1.29	0.22	0.46	0.00
	3	0.59	0.00	1.91	1.04	0.72	0.39	0.30
	4	0.85	1.14	0.99	1.45	0.78	0.77	0.21
	5	0.71	0.00	0.59	0.68	1.73	1.51	0.00
	6	0.00	0.00	0.36	0.63	1.14	2.59	0.93
	7	0.00	0.00	0.43	0.47	1.66	0.68	10.04

表 5－11　　子辈 25 岁以上农村样本代际职业流动矩阵

		子辈的职业阶层						
		1	2	3	4	5	6	7
父辈的职业阶层	1	4.84	0.00	0.68	0.88	1.01	0.44	0.38
	2	0.71	6.14	0.86	1.17	0.79	1.08	0.23
	3	0.48	0.69	1.42	0.88	0.66	0.54	0.05
	4	0.38	0.56	0.86	1.53	1.19	0.71	0.32
	5	1.83	0.00	0.56	1.17	3.47	0.59	0.00
	6	0.11	0.57	0.53	0.60	0.74	4.18	2.79
	7	0.25	0.00	0.44	0.37	0.96	1.31	13.68

表 5－12　　子辈 25 岁以上外来务工样本代际职业流动矩阵

		子辈的职业阶层						
		1	2	3	4	5	6	7
父辈的职业阶层	1	0.00	0.00	0.00	2.53	0.00	0.00	0.00
	2	0.00	21.50	0.00	0.00	0.00	7.17	0.00
	3	0.00	0.00	2.49	0.92	0.00	0.00	0.00
	4	2.53	0.00	0.46	1.49	1.69	1.69	0.00
	5	0.00	0.00	0.00	0.00	0.00	0.00	0.00
	6	0.00	0.00	1.12	0.72	0.00	0.00	2.63
	7	0.00	0.00	0.00	0.00	2.87	0.00	4.91

其他更高职业阶层的阻碍较大。除此之外，城镇家庭和农村家庭的子辈最有可能成为非正规就业人员和专业技术人员，而外来务工家庭的子辈则可能成为工人和商服人员。当父辈从事高级管理职业时，来自农村家庭子辈的代际职业传承指数最高（13.68），城镇家庭子辈次之（10.04），外来务工家庭子辈最差（4.91），这三种家庭都表现出较高的传承性，反映出高阶层职业进入的高门槛。父辈是商服人员、办事人员和专业技术人员时，农村家庭子辈比其他家庭子辈表现出更高的代际职业传承性。而外来务工家庭的子辈在工人阶层表现出较强的代际职业传承性（2.49）。

在25岁以上的子辈样本中，农村家庭子辈代际职业流动性较好，城镇家庭子辈的流动性次之，外来务工家庭的子辈流动性最差。当父辈为非正规就业人员时，农村家庭子辈有概率向上流动到办事人员（1.01），而外来务工家庭子辈则更有可能成为商服人员（2.53）。出身农民家庭的外来务工子辈除了继承父辈职业以外，在职业生涯中后期有较高的概率向上流动到专业技术人员（7.17），这可能与自身的人力资本累积有关。当父辈为工人时，农村家庭的子辈和外来务工家庭的子辈流动性较差，只有城镇家庭的子辈有可能向上流到商服人员。商服人员家庭的子辈在职业生涯中后期的流动性最好，尽管城镇家庭子辈有一定概率向下流动成为农民（1.14），但是农村家庭和外来务工家庭的子辈都有机会向上流动到办事人员阶层和专业技术人员阶层。办事人员家庭的子辈只有在城镇样本中，才有机会向上流动成为专业技术人员（1.51），而农村家庭子辈则有可能向下流动。当父辈为专业技术人员时，城镇家庭的子辈很难继续向上流动，而农村和外来务工子辈则有相近的概率成为高级管理人员。当父辈从事最高职业阶层时，其子辈主要流向专业技术人员和办事人员，最不可能从事农业。

综合来看，随着年龄的增加，25岁以上的子辈代际职业传承指数出现了一定程度的提高。尤其是父辈职业阶层较高时（办事人员及以上），子辈更有可能在职业中后期“回归”父辈职业。父辈职业阶层较低时，子辈在职业中后期更难向上流动。农村家庭子辈表现出更好的代际职业流动性。外来务工家庭子辈的代际职业流动性整体上最差，这可能与外来务工人员家庭在社会资本的积累、社会网络的构造等方面相对较差有关。

5.5　总　　结

在不分年龄段的样本中，不同群体均表现出子辈代际职业传承性。尤其是当父辈职业为高级管理人员和农民时，其家庭的子辈最有可能从事与父辈相同的职业，这两种职业类别家庭的职业阶层固化现象较为严重。父辈的职业阶层越低，其子辈越难向上流动，职业流动存在较高的流入壁垒；类似地，父辈职业阶层越高，子辈越不可能向下流动。

不同年龄段的分样本子辈表现出不同程度的代际职业流动水平。城镇家庭和农村家庭年轻子辈的代际职业传承性要高于外来务工家庭。不同的是，外来务工家庭子辈的代际职业传承性仅表现在工人阶层、商服人员阶层和专业技术人员阶层上，在其他职业阶层中表现出较为局限的流动性。随着年龄的增加，25 岁以上的全样本子辈有五个职业阶层的传承指数出现了下降，从事非正规就业和工人职业的传承指数上升。但分样本来看，城镇、农村和外来务工家庭的子辈总体上呈现出“回归”父辈职业的趋势。这说明年轻子辈在职业生涯的初期更有可能打破代际职业传承，向上流动到其他职业。然而随着年龄的增加，父辈社会资本的积累、对子辈专业化人力资本投资的增加等因素逐渐凸显，会对子辈的终身职业产生重要影响。

第 6 章 劳动力水平流动对代际收入传递影响的实证分析

通过前两章的现状分析，我们可以看到劳动力流动下，城镇居民、农村居民和流动群体即外出务工家庭的代际差异明显，不仅反映在收入传递方面，还体现在职业传递上。因此，本章和下一章将从劳动力流动两个方面，劳动力空间位置上的流动即水平流动，和劳动力在职业上的传递即垂直流动，共同解释城乡代际收入差异的影响因素。为了避免将劳动力流动已经产生的关联影响包含在内，影响机制分析部分全部采用城乡还原后的样本进行，即将外出务工人员还原到对应的城乡分组，再根据户籍确定城乡居民各自对应的样本。

6.1 变量设置与描述

6.1.1 变量设置

(1) 因变量

本章从劳动力的水平流动即空间上的流动考虑劳动力流动对城乡居民代际收入影响的传递机制和效应，全面评估家庭禀赋、人力资本、社会资本等在劳动力流动下对代际收入传递的影响。因变量为子辈收入，根据问卷回答选择“2013 年工作收入总额（元）”。

(2) 自变量

本章的核心解释变量为父辈和子辈的水平流动情况。农村样本里，选取问卷中“2012 年或以前，是否外出从业过”或“2013 年是否外出从业过”两个问题的回答，任一问题回答“是”，就认为存在空间上的流动。外来务工样本中根据问题“您第一次离开户口所在的乡镇，外出务工经商的时间”来确定，只要填写时间，就认为存在空间上的流动。城镇样本根据户口登记地状况，现在的户口登记为“本居（村）委会、居（村）委会街道（乡镇）内”认为是不流动，现在的户口登记为“街道（乡镇）外区（县）内、区（县）外市内、市外省内、省外”认为是流动。将所有样本中处理后存在空间流动的用“1”表示，不存在的用“0”表示。

（3）控制变量

已有文献在研究劳动力空间流动对城乡居民代际收入的影响因素时发现，个体的基本属性特征、政治状况、社会福利状况等都可能对代际收入产生影响，因此选择子辈的性别、年龄、健康状况、医疗保险、劳保福利，父辈的党员身份作为控制变量。子辈的性别中，男性设置为 1，女性设置为 2。子辈的健康状况根据问卷“与同龄人相比，您目前的健康状况是：1 非常好，2 好，3 一般，4 不好，5 非常不好”设置为五分类变量。医疗保险包括城镇职工基本医疗保险、公费医疗或统筹、（城镇）居民基本医疗保险、新型农村合作医疗保险、商业医疗保险、其他医疗保险，有以上任意一种保险即处理为 1，没有参加任何医疗保险的处理为 0。劳保福利包括工伤保险、失业保险、住房公积金、生育保险，有以上任意一种处理为 1，以上 4 项都没有的处理为 0。父辈的党员身份将父辈政治面貌是“中共党员或者民主党派”的处理为 1，“其他”处理为 0。对于所有父辈和子辈的户口性质，均处理为二分类变量，农业户口为 1，城镇户口为 2。

6.1.2　变量描述

在不考虑父辈水平流动的情况下（表 6 - 1），全样本的子辈平均年龄为 26.13 岁，子辈平均收入为 28120.36 元，比父辈的平均收入高 495.19 元，农村的情况类似，子辈平均收入要高于父辈，但是差距更加明显，为 2473.6 元。城镇的情况则与之相反，子辈的平均收入要明显低于父辈。关于子辈的受教育程度，城镇样本的平均受教育年限为 13.44，农村样本的平均受教育年限为 10.76，农村与城镇的差距为 2.68 年。此外，子辈的流动方面，农村的流动也是要显著地高于城镇，农村居民相较城镇居民更多地选择外出务工。

在父辈发生水平流动的情况下（表 6 - 2），全样本的子辈平均年龄为 25.32

岁，子辈平均收入为26690.13元，比父辈的平均收入低94.29元，城镇的情况类似，子辈平均收入要低于父辈，但是差距更大，为8425.99元。农村的情况与之相反，子辈的平均收入要超过父辈645.85元。关于子辈的受教育程度，城镇样本的平均受教育年限为13.18，农村样本的平均受教育年限为10.35，农村与城镇之间的差距为2.44年。此外，子辈的流动上，农村与城镇的情况类似，均倾向于外出流动。

在父辈不发生水平流动的情况下（表6－3），全样本的子辈平均年龄为26.55岁，子辈平均收入为28871.16元，比父辈的平均收入高804.63元，农村的情况类似，子辈平均收入要高于父辈，但是差距较大，为3748.56元。城镇的情况与之相反，子辈的平均收入要低于父辈5783.64元。关于子辈的受教育程度，城镇样本的平均受教育年限为13.48，农村样本的平均受教育年限为11.04，农村与城镇之间的差距为2.83年。此外，子辈的流动上，农村的流动也是要显著地高于城镇，农村居民相较城镇居民更倾向于外出务工。

总体来看，子辈流动的概率为57%，是父辈流动的1.68倍；其中城镇父辈流动概率最低仅为12%，其次是城镇子辈为15%；农村居民流动概率比城镇高出较多，农村父辈流动概率为41%，而子辈高达70%。流动群体中农村代际收入差距比城镇小，但父辈流动群体的平均收入普遍略低于不流动群体，可能因为收入较高的群体在当地已具有较好的社会地位，流动概率低。从样本分布的基本情况可以发现，农村居民父辈子辈外出务工均较为活跃，和代际收入差距之间存在一定的联系，劳动力流动具体如何影响代际收入，将在回归分析中给出解释。

表6－1　　总体样本描述

变量说明		样本量	均值	方差	最小值	最大值
子辈收入（元/年）	全样本	3881	28120.36	22384.36	0	800000
	城镇	895	31079.22	33099.56	800	800000
	农村	2986	27233.49	17881.77	0	300000
父辈收入（元/年）	全样本	3881	27625.17	29571.54	300	1200000
	城镇	895	37184.66	46755.15	300	1200000
	农村	2986	24759.89	21126.88	300	385000
子辈年龄（岁）	全样本	3881	26.13	4.81	16	52
	城镇	895	26.66	4.09	16	48
	农村	2986	25.97	5.00	16	52

续表

变量说明		样本量	均值	方差	最小值	最大值
子辈年龄的平方	全样本	3881	705. 78	275. 83	256	2704
	城镇	895	727. 45	237. 47	256	2304
	农村	2986	699. 28	286. 05	256	2704
子辈受教育年限（年）	全样本	3881	11. 38	2. 93	0	19
	城镇	895	13. 44	2. 73	0	19
	农村	2986	10. 76	2. 70	0	19
子辈流动	全样本	3881	0. 57	0. 49	0	1
	城镇	895	0. 15	0. 36	0	1
	农村	2986	0. 70	0. 46	0	1
子辈性别	全样本	3881	1. 30	0. 46	1	2
	城镇	895	1. 36	0. 48	1	2
	农村	2986	1. 29	0. 45	1	2
子辈的健康状况	全样本	3881	1. 65	0. 62	1	5
	城镇	895	1. 67	0. 62	1	4
	农村	2986	1. 65	0. 62	1	5
父辈党员身份	全样本	3881	0. 15	0. 35	0	1
	城镇	895	0. 24	0. 43	0	1
	农村	2986	0. 12	0. 32	0	1
子辈医疗保险	全样本	3881	0. 97	0. 18	0	1
	城镇	895	0. 93	0. 26	0	1
	农村	2986	0. 98	0. 15	0	1
子辈劳保福利	全样本	3881	0. 25	0. 43	0	1
	城镇	895	0. 48	0. 50	0	1
	农村	2986	0. 18	0. 39	0	1

表 6－2　　　　　　　　父辈流动的样本描述

变量说明		样本量	均值	方差	最小值	最大值
子辈收入（元/年）	全样本	1336	26690. 13	18154. 45	1000	300000
	城镇	109	29917. 81	18293. 27	1000	99999
	农村	1227	26403. 40	18121. 78	1200	300000

续表

变量说明		样本量	均值	方差	最小值	最大值
父辈收入（元/年）	全样本	1336	26784.42	17083.09	800	130000
	城镇	109	38343.80	19795.58	7500	105000
	农村	1227	25757.55	16441.50	800	130000
子辈年龄（岁）	全样本	1336	25.32	4.74	16	45
	城镇	109	26.43	4.42	16	41
	农村	1227	25.22	4.75	16	45
子辈年龄的平方	全样本	1336	663.65	261.86	256	2025
	城镇	109	717.95	243.95	256	1681
	农村	1227	658.83	262.94	256	2025
子辈受教育年限（年）	全样本	1336	10.58	2.72	0	19
	城镇	109	13.18	3.23	0	19
	农村	1227	10.35	2.54	0	19
子辈流动	全样本	1336	0.91	0.29	0	1
	城镇	109	0.85	0.36	0	1
	农村	1227	0.91	0.28	0	1
子辈性别	全样本	1336	1.29	0.45	1	2
	城镇	109	1.42	0.50	1	2
	农村	1227	1.28	0.45	1	2
子辈的健康状况	全样本	1336	1.65	0.62	1	5
	城镇	109	1.65	0.58	1	3
	农村	1227	1.64	0.63	1	5
父辈党员身份	全样本	1336	0.09	0.28	0	1
	城镇	109	0.24	0.43	0	1
	农村	1227	0.07	0.26	0	1
子辈医疗保险	全样本	1336	0.96	0.20	0	1
	城镇	109	0.90	0.30	0	1
	农村	1227	0.96	0.18	0	1
子辈劳保福利	全样本	1336	0.16	0.37	0	1
	城镇	109	0.40	0.49	0	1
	农村	1227	0.14	0.35	0	1

表 6 –3　　　　　　　父辈不流动的样本描述

变量说明		样本量	均值	方差	最小值	最大值
子辈收入（元/年）	全样本	2545	28871.16	24281.73	0	800000
	城镇	786	31240.28	34661.98	800	800000
	农村	1759	27812.52	17694.55	0	200000
父辈收入（元/年）	全样本	2545	28066.53	34351.19	300	1200000
	城镇	786	37023.92	49350.37	300	1200000
	农村	1759	24063.96	23836.41	300	385000
子辈年龄（岁）	全样本	2545	26.55	4.80	16	52
	城镇	786	26.69	4.05	17	48
	农村	1759	26.49	5.10	16	52
子辈年龄的平方	全样本	2545	727.89	280.42	256	2704
	城镇	786	728.77	236.69	289	2304
	农村	1759	727.49	297.95	256	2704
子辈受教育年限（年）	全样本	2545	11.80	2.96	0	19
	城镇	786	13.48	2.65	6	19
	农村	1759	11.04	2.77	0	19
子辈流动	全样本	2545	0.40	0.49	0	1
	城镇	786	0.06	0.23	0	1
	农村	1759	0.55	0.50	0	1
子辈性别	全样本	2545	1.31	0.46	1	2
	城镇	786	1.35	0.48	1	2
	农村	1759	1.30	0.46	1	2
子辈的健康状况	全样本	2545	1.66	0.62	1	4
	城镇	786	1.68	0.63	1	4
	农村	1759	1.65	0.61	1	4
父辈党员身份	全样本	2545	0.18	0.38	0	1
	城镇	786	0.25	0.43	0	1
	农村	1759	0.15	0.35	0	1
子辈医疗保险	全样本	2545	0.97	0.18	0	1
	城镇	786	0.93	0.25	0	1
	农村	1759	0.98	0.13	0	1

续表

变量说明		样本量	均值	方差	最小值	最大值
子辈劳保福利	全样本	2545	0.30	0.46	0	1
	城镇	786	0.49	0.50	0	1
	农村	1759	0.21	0.41	0	1

6.2 模型构建

在代际收入弹性测算方法的基础上，采用逐步回归，分别将劳动力水平流动因素、劳动力水平流动和父辈收入关联以及各控制变量的影响依次考虑进去。逐步回归的三个模型分别是：

$$\ln(income2) = \alpha_0 + \alpha_1 \ln(income) + \alpha_2 age2 + \alpha_3 d + \alpha_4 eduyr2 \quad (6-1)$$

$$\ln(income2) = \alpha_0 + \alpha_1 \ln(income) + \alpha_2 age2 + \alpha_3 d + \alpha_4 eduyr2 + \alpha_5 mig2 + \alpha_6 incxmig2 \quad (6-2)$$

$$\ln(income2) = \alpha_0 + \alpha_1 \ln(income) + \alpha_2 age2 + \alpha_3 d + \alpha_4 eduyr2 + \alpha_5 mig2 + \alpha_6 incxmig2 + \alpha_7 gender2 + \alpha_8 health2 + \alpha_9 party + \alpha_{10} minsur2 + \alpha_{11} welfare2 + \alpha_{12} hukou2 \quad (6-3)$$

（1）因变量。*income*2 表示子辈收入，ln（*income*2）表示子辈收入的对数。

（2）自变量。ln（*income*）表示父辈收入的对数；*age*2 表示子辈的年龄；*d* 表示子辈年龄的平方；*eduyr*2 表示子辈的受教育年限；*mig*2 表示子辈的流动情况；*incxmig*2 表示子辈流动与父辈收入的交叉项。父辈发生水平流动的影响将通过分样本，即父辈流动和父辈未流动样本来进行比较分析。

（3）控制变量。*gender*2 表示子辈的性别；*health*2 为子辈的健康状况；*party* 为父辈的党员身份情况；*minsur*2 表示子辈的医疗保险情况；*welfare*2 表示子辈的劳保福利情况，*hukou*2 表示子辈的户口性质。

模型（6－1）、模型（6－2）和模型（6－3）采用 OLS 回归进行估算。其中，模型（6－1）是在控制了子辈的年龄、年龄的平方和子辈的受教育程度的情况下，估计子辈和父辈间收入传递程度 α_1，即代际收入弹性。模型（6－2）加入了子辈的流动情况和子辈流动情况与父辈收入的交叉项，进一步分析子辈流动对代际收入传递的影响，以及子辈流动和父辈收入共同对代际收入传递的影响。模型（6－3）加入了影响子辈收入的其他控制变量，包括反映家庭禀赋资本的父辈党员身份、反映人力资本的子辈健康水平、反映社会资本的子辈医疗保险和福利情况等。

6.3　实证分析

6.3.1　劳动力水平流动对代际收入传递影响分析

全样本的回归结果如表 6－4 所示。首先，在总体样本不考虑父辈是否发生流动的情况下，模型 1 估计结果表明，子辈收入对父辈收入的弹性为 0.2300，即父辈收入对子辈收入存在显著的正向影响。再将总体样本分为父辈流动和父辈不流动两个子样本进行回归分析，父辈发生流动家庭的代际收入弹性为 0.2373，父辈不发生流动家庭的代际收入弹性为 0.2265，后者略低于前者，表明父辈流动的家庭代际收入之间的关联度和传递性略高于父辈未流动家庭。不论父辈是否发生流动，子辈年龄都与其收入之间呈现倒“U 形”关系，即随着子辈年龄增长，工作经验等人力资本的积累会使收入提高，但到达一定年龄后劳动能力逐渐下降，工作机会相较于年轻人减少，收入逐渐下降。受教育年限在总体样本和父辈不流动的分样本对子辈收入存在显著的促进作用，但在父辈流动人群中受教育年限的作用明显减弱，说明其他因素对子辈收入的作用在父辈发生流动时对子辈收入的促进作用更加显著，超过了教育带来的作用。

子辈的流动情况在总体样本和父辈不流动分样本中系数均为正且显著，说明子辈外出务工能够显著提高自身收入，且在父辈不外出时子辈外出务工对自身收入的改善作用更大。进一步看，在引入子辈流动与父辈收入的交叉项后，总样本和父辈不流动样本中交叉项系数均变为负向显著，父辈收入与子辈流动对子辈收入的促进作用存在相互抵消的现象，迁移会降低子辈收入与父辈收入之间的相关程度，而父辈收入越高，子辈流动的意愿越低，说明子辈外出务工即子辈的水平流动会减弱父辈收入的传承性，从而提高代际收入的流动性。

表 6－4 **全样本的回归结果**

	总体			父辈流动			父辈不流动		
	1	2	3	4	5	6	7	8	9
父辈收入	0.2300*** (0.0137)	0.3955*** (0.0215)	0.3803*** (0.0214)	0.2373*** (0.0250)	0.3574*** (0.0798)	0.3388*** (0.0792)	0.2265*** (0.0164)	0.3987** (0.0225)	0.3865*** (0.0224)
子辈年龄	0.1450*** (0.0166)	0.1459*** (0.0163)	0.1297*** (0.0163)	0.1492*** (0.0283)	0.1420*** (0.0282)	0.1230*** (0.0283)	0.1513*** (0.0211)	0.1464** (0.0205)	0.1312*** (0.0204)
子辈年龄的平方	−0.0019*** (0.0003)	−0.0018*** (0.0003)	−0.0016*** (0.0003)	−0.0019*** (0.0005)	−0.0017*** (0.0005)	−0.0015** (0.0005)	−0.0019*** (0.0004)	−0.0018*** (0.0004)	−0.0017*** (0.0003)
受教育年限	0.0154*** (0.0039)	0.0197*** (0.0039)	0.0134** (0.0044)	0.0097 (0.0070)	0.0116* (0.0070)	0.0063 (0.0076)	0.0181*** (0.0049)	0.0204*** (0.0048)	0.0143** (0.0054)
流动		2.5328*** (0.2688)	2.3748*** (0.2670)		1.4967* (0.8466)	1.2976 (0.8413)		2.9431** (0.3143)	2.8586*** (0.3114)
流动×父辈收入		−0.2344*** (0.0268)	−0.2192*** (0.0267)		−0.1228 (0.0831)	−0.1033 (0.0826)		−0.2731** (0.0319)	−0.2667*** (0.0316)
性别			−0.1147*** (0.0235)			−0.1444*** (0.0409)			−0.1028*** (0.0288)
健康状况			−0.0191 (0.0170)			−0.0366 (0.0286)			−0.0113 (0.0211)
父辈党员身份			0.0394 (0.0306)			0.1365** (0.0620)			−0.0016 (0.0349)

续表

	总体			父辈流动			父辈不流动		
	1	2	3	4	5	6	7	8	9
医疗保险			0.1430** (0.0581)			0.0404 (0.0923)			0.1959** (0.0751)
劳保福利			0.2218*** (0.0273)			0.1752** (0.0514)			0.2326*** (0.0324)
户口			-0.0631** (0.298)			-0.269 (0.0644)			-0.0807 (0.0339)
常量	4.9958*** (0.2602)	3.2010*** (0.3032)	3.7565*** (0.3158)	4.9970*** (0.4410)	3.6106*** (0.8729)	4.3576*** (0.8832)	4.9784*** (0.3299)	3.1672** (0.3556)	3.6264*** (0.3728)
Adjusted R^2	0.1535	0.1847	0.2045	0.1501	0.1602	0.1760	0.1518	0.2005	0.2226
样本量	3879	3879	3879	1336	1336	1336	2543	2543	2543

注：表中汇报的是估计系数，括号内为标准误，***、**、*分别代表在1%、5%、10%的水平上显著。

就控制变量而言，性别前的系数显著为负，说明儿子收入会显著高于女儿收入；在父辈流动人群中，父辈党员身份和子辈劳保福利会对子辈收入产生正向影响，在总样本和父辈不流动人群中，子辈拥有医疗保险和劳保福利会对促进子辈收入的提高。此外，总样本中户口变量为负向显著，说明城乡之间的代际收入弹性存在显著差异，城镇的代际收入弹性高于农村。

从父辈是否流动和代际收入弹性的关系来看，父辈流动时的代际收入弹性均比相同模型下父辈不流动时的代际收入弹性小，说明父辈外出务工有助于增加代际收入的流动性。同时，在父辈流动时，子辈流动对子辈收入的促进作用减弱，反映出当父辈外出务工时，父辈子辈间的收入联系降低，会通过父辈其他的社会资本如党员身份等对子辈收入产生影响。

6.3.2 劳动力水平流动对城镇居民代际收入传递影响分析

城镇样本的回归结果如表 6 – 5 所示。模型（6 – 1）估计结果表明，子辈收入对父辈收入的弹性为 0.4085，父辈收入对子辈收入有显著正相关关系。父辈发生流动家庭的代际收入弹性为 0.4570，父辈不发生流动家庭的代际收入弹性为 0.4070，表明父辈未流动家庭的代际收入流动性更高。在总体样本和父辈未流动人群样本中，子辈年龄与其收入呈现倒“U 形”关系，与总样本相同。

控制变量中，全样本和父辈不流动样本中均表现出儿子收入显著高于女儿的情况，当父辈流动时，子女性别差异对收入的影响不再显著。子辈拥有劳保福利在各种情况下均能有效促进子辈收入的提高。医疗保险对子辈收入的作用仅在父辈流动时表现出来。

在父辈发生流动的分样本中，除拥有劳保福利对子辈收入有促进作用外，子辈流动因素和其他变量的影响均不显著，导致此种情况有两种可能：第一，城镇样本量相对较少，而城镇中父辈流动的样本量更少，仅有 109 个，占城镇样本的 12.2%，导致回归结果不理想；第二，劳动力的水平流动即外出务工，更普遍地存在农村群体中，城镇家庭人口外出务工出现人户分离的情况较少，即使有城镇户籍的人外出务工，也相比农村外来人口更容易获得流入地户籍从而发生实际意义上的迁移而非暂时流动。

表 6 – 5　城镇样本的回归结果

	总体			父辈流动			父辈不流动		
	1	2	3	4	5	6	7	8	9
父辈收入	0. 4085 *** (0. 0331)	0. 4100 *** (0. 0347)	0. 4035 *** (0. 0346)	0. 4570 *** (0. 1342)	0. 4024 (0. 2789)	0. 3213 (0. 2933	0. 4070 *** (0. 0344)	0. 4093 *** (0. 0352)	0. 4052 *** (0. 0351)
子辈年龄	0. 192 *** (0. 0452)	0. 1917 *** (0. 0453)	0. 1615 *** (0. 0452)	0. 0143 (0. 1274)	0. 0203 (0. 1305)	−0. 0090 (0. 1365	0. 2238 *** (0. 0490)	0. 2246 *** (0. 0491)	0. 1991 *** (0. 0487)
子辈年龄的平方	−0. 0025 *** (0. 0008)	−0. 0025 *** (0. 0008)	−0. 0020 *** (0. 0008)	0. 0005 (0. 0023)	0. 0004 (0. 0024)	0. 0009 (0. 0025)	−0. 0030 *** (0. 0008)	−0. 0030 *** (0. 0008)	−0. 0026 *** (0. 0008)
受教育年限	0. 0132 (0. 0093)	0. 0135 (0. 0094)	0. 0065 (0. 0102)	0. 0156 (0. 0252)	0. 0137 (0. 0259)	0. 0060 (0. 0276)	0. 0138 (0. 0101)	0. 0140 (0. 0101)	0. 0081 (0. 0111)
流动		0. 1945 (1. 0590	0. 2996 (1. 0472)		−0. 8860 (3. 2851)	−0. 7945 (3. 3933)		0. 1372 (1. 5118)	−0. 0581 (1. 4923)
流动 × 父辈收入		−0. 0176 (0. 1024)	−0. 0255 (0. 1013)		0. 0797 (0. 3173)	0. 0746 (0. 3281)		−0. 0026 (0. 1498)	0. 0172 (0. 1478)
性别			−0. 1163 ** (0. 0486)			−0. 0610 (0. 1395)			−0. 1276 ** (0. 0525)
健康状况			−0. 0108 (0. 0367)			−0. 0460 (0. 1190)			−0. 0034 (0. 0389)
父辈党员身份			−0. 0685 (0. 0561)			−0. 0978 (0. 1791)			−0. 0694 (0. 0600)

续表

	总体			父辈流动			父辈不流动		
	1	2	3	4	5	6	7	8	9
医疗保险			0. 1497 (0. 0911)			-0. 0995 (0. 236)			0. 2139 ** (0. 1000)
劳保福利			0. 2132 *** (0. 0511)			0. 3005 ** (0. 1685)			0. 1992 *** (0. 0542)
常量	2. 4044 *** (0. 6952)	2. 3813 *** (0. 7035)	2. 9640 *** (0. 7225)	4. 3771 ** (2. 1059)	4. 9570 (3. 1292	6. 4490 ** (3. 3443)	1. 9350 ** (0. 7540)	1. 8898 (0. 7575)	2. 3196 ** (0. 7780)
Adjusted R^2	0. 2240	0. 2223	0. 2438	0. 1637	0. 1487	0. 1369	0. 2312	0. 2303	0. 2534
样本量	895	895	895	109	109	109	786	786	786

注：表中汇报的是估计系数，括号内为标准误，***、**、*分别代表在1%、5%、10%的水平上显著。

6.3.3　劳动力水平流动对农村居民代际收入传递影响分析

农村样本的回归结果如表 6 – 6 所示。所有样本的代际收入弹性均为正，即父辈收入对子辈收入存在显著的正向影响。从代际收入弹性大小来看，当父辈发生流动时，不考虑子辈迁移下，代际收入弹性为 0.2335，大于父辈不流动时的代际收入弹性 0.1877；而考虑子辈迁移因素后，父辈流动情况下的代际收入弹性均小于父辈不流动时，充分说明农村样本中，父辈外出务工，可以显著提高代际收入流动性，改变代际收入的贫困传递。

从子辈是否流动来看，农村样本表现出的特征和总样本相似，即子辈流动在总样本和父辈不流动时均能较大促进自身收入的提高，但当父辈流动时，子辈流动对自身收入的作用明显减弱。子辈流动时也会减弱父辈收入对自身收入的正向影响，从而提高代际收入的流动性。

控制变量方面，子辈年龄与收入之间仍然呈现倒“U 形”关系，与前两个样本的影响一致。受教育年限越长、拥有劳保福利、男性均能显著提高子辈收入，医疗保险的促进作用仅在总体中表现出来。

6.4　总　　结

本章采取逐步回归的方法，从父辈和子辈是否离开户籍地外出务工来考虑劳动力的水平流动对城乡居民代际收入的影响。实证结果显示，在代际收入弹性大小上，城乡居民代际收入弹性存在明显差异，城镇居民代际收入传承性高于农村居民，部分原因可能在于城镇居民在平均收入上高于农村居民，父辈收入越高，子辈越难超越父辈的阶层向上流动，更多出现父辈子辈之间的传承。

而当父辈流动时，城乡居民代际收入弹性均会降低，代际收入流动性得到改善。子辈劳动力的水平流动能较好地促进子辈收入的提高，降低父辈子辈间收入的相关性，提高代际收入流动性。但当父辈也发生流动时，农村子辈流动对自身收入的促进作用减弱，父辈收入对子辈的影响会通过父辈的其他社会资本

表 6－6　农村样本的回归结果

	总体			父辈流动			父辈不流动		
	1	2	3	4	5	6	7	8	9
父辈收入	0.2020** (0.0150)	0.3925*** (0.0282)	0.3773** (0.0280)	0.2335*** (0.0257)	0.3499*** (0.0835)	0.3427*** (0.0828)	0.1877*** (0.0188)	0.4022*** (0.0300)	0.3864*** (0.0298)
子辈年龄	0.1479** (0.0177)	0.1412*** (0.0174)	0.1263*** (0.0174)	0.1564*** (0.0291)	0.1488*** (0.0289)	0.1305*** (0.0290)	0.1411*** (0.0231)	0.1318*** (0.0224)	0.1168*** (0.0223)
子辈年龄的平方	-0.0019*** (0.0003)	-0.0018*** (0.0003)	-0.0016*** (0.0003)	-0.0020*** (0.0005)	-0.0019*** (0.0005)	-0.0016*** (0.0005)	-0.0018*** (0.0004)	-0.0016*** (0.0004)	-0.0014*** (0.0004)
受教育年限	0.0222*** (0.0046)	0.0230*** (0.0046)	0.0148*** (0.0048)	0.0116 (0.0076)	0.0136* (0.0076)	0.0090 (0.0079)	0.0273*** (0.0059)	0.0251*** (0.0057)	0.0148** (0.0061)
流动		2.5430*** (0.3261)	2.3829*** (0.3233)		1.4608* (0.885)	1.3406 (0.8780)		3.0541*** (0.371)	2.9492*** (0.3675)
流动×父辈收入		-0.2359*** (0.0327)	-0.2196*** (0.0324)		-0.1162 (0.0870)	-0.1051 (0.0863)		-0.2865*** (0.0376)	-0.2762*** (0.0372)
性别			-0.1129*** (0.0269)			-0.1518*** (0.0429)			-0.0904*** (0.0345)
健康状况			-0.0210 (0.0192)			-0.0308 (0.0295)			-0.0147 (0.0252)
父辈党员身份			0.0957*** (0.0371)			0.1873*** (0.0707)			0.0391 (0.0436)

续表

	总体			父辈流动			父辈不流动		
	1	2	3	4	5	6	7	8	9
医疗保险			0.1395* (0.0767)			0.0714 (0.10000)			0.1816 (0.1199)
劳保福利			0.2240*** (0.0324)			0.1717*** (0.0542)			0.2521*** (0.0405)
常量	5.2696* (0.2837)	3.2916*** (0.3624)	3.769*** (0.3759)	4.9195*** (0.4561)	3.5500*** (0.9121)	4.1105*** (0.9209)	5.4698*** (0.3705)	3.3433*** (0.4253)	3.7715*** (0.4499)
Adjusted R^2	0.1421	0.1715	0.1905	0.1484	0.1605	0.1780	0.1359	0.1871	0.2067
样本量	2984	2984	2984	1227	1227	1227	1757	1757	1757

注：表中汇报的是估计系数，括号内为标准误，***、**、* 分别代表在 1%、5%、10% 的水平上显著。

如父辈党员身份对子辈收入产生作用。

其他因素方面，拥有劳动福利保险、医疗保险能促进子辈收入的提高，儿子的收入情况好于女儿。教育对子辈收入也有正向影响，但当父辈流动时会削弱子辈教育对其收入的促进作用。

第 7 章　劳动力垂直流动对代际收入传递影响的实证分析

7.1　变量设置与描述

7.1.1　变量设置

（1）因变量

劳动力的流动除了空间上的水平流动，还存在着垂直流动即职业上的流动。本章主要探讨劳动力垂直流动对代际收入传递的影响，因此选取子辈收入作为因变量，对子辈代际职业流动的影响进行实证分析。

（2）自变量

自变量的设置主要考虑影响子辈代际职业流动以及子辈代际收入传递的因素。从劳动力垂直流动的角度，分析子辈代际职业流动方向对其收入的影响，将代际职业流动变量分为代际职业传承、代际职业向上流动和代际职业向下流动三个类别。子辈职业阶层与父辈相同即为代际职业传承，用1进行表示，否则为0；代际职业流动中，子辈职业向上流动为1，向下流动为-1。从代际收入传递角度，自变量还选取父辈收入、子辈年龄、子辈年龄的平方和子辈受教育程度等影响子辈收入的主要变量。

（3）控制变量

控制变量主要考虑家庭禀赋、人力资本以及社会资本等其他影响代际收入传递的因素，包括个体基本生理特征、政治背景和社会福利等方面，与上一章选择的控制变量基本相同，有子辈的性别、年龄、健康状况、医疗保险、劳保福利以及父辈的党员身份。

7.1.2 变量描述

各变量具体情况如表 7-1 所示，全样本共 3881 个，其中城镇样本 895 个，农村样本 2986 个。全样本子辈收入均值为 28210.36 元，其中城镇样本子辈收入均值 31079.22 元，高于农村样本子辈收入均值，但其标准差高于农村样本，表明城镇样本子辈收入内部差异更大。全样本的父辈收入均值低于子辈均值，总体上子辈的收入相较于父辈有了一定的提高，但其中农村子辈收入均值高于父辈，城镇子辈收入则明显低于父辈，一定程度上表现出在收入水平相对较高的情况下，城镇子辈收入超过父辈的概率较低。

表 7-1　　总体样本描述

变量描述		样本数量	均值	标准差	最小值	最大值
子辈收入（元/年）	总体	3881	28120.36	22384.36	0	800000
	城镇	895	31079.22	33099.56	800	800000
	农村	2986	27233.49	17881.77	0	300000
父辈收入（元/年）	总体	3881	27625.17	29571.54	300	1200000
	城镇	895	37184.66	46755.15	300	1200000
	农村	2986	24759.89	21126.88	300	385000
子辈年龄（岁）	总体	3881	26.13	4.81	16	52
	城镇	895	26.66	4.09	16	48
	农村	2986	25.97	5.00	16	52
子辈年龄的平方	总体	3881	705.78	275.83	256	2704
	城镇	895	727.45	237.47	256	2304
	农村	2986	699.28	286.05	256	2704
子辈受教育年限（年）	总体	3881	11.38	2.93	0	19
	城镇	895	13.44	2.73	0	19
	农村	2986	10.76	2.70	0	19
职业传承	总体	3881	0.45	0.50	0	1
	城镇	895	0.39	0.49	0	1
	农村	2986	0.47	0.50	0	1

续表

变量描述		样本数量	均值	标准差	最小值	最大值
子辈职业向上流动	总体	3080	0.43	0.49	0	1
	城镇	644	0.45	0.50	0	1
	农村	2436	0.42	0.49	0	1
子辈职业向下流动	总体	2560	-0.31	0.46	-1	0
	城镇	604	-0.42	0.49	-1	0
	农村	1956	-0.28	0.45	-1	0
子辈性别	总体	3881	1.30	0.46	1	2
	城镇	895	1.36	0.48	1	2
	农村	2986	1.29	0.45	1	2
子辈的健康状况	总体	3881	1.65	0.62	1	5
	城镇	895	1.67	0.62	1	4
	农村	2986	1.65	0.62	1	5
父辈党员身份	总体	3881	0.15	0.35	0	1
	城镇	895	0.24	0.43	0	1
	农村	2986	0.12	0.32	0	1
子辈医疗保险	总体	3881	0.97	0.18	0	1
	城镇	895	0.93	0.26	0	1
	农村	2986	0.98	0.15	0	1
子辈劳保福利	总体	3881	0.25	0.43	0	1
	城镇	895	0.48	0.50	0	1
	农村	2986	0.18	0.39	0	1

在代际职业流动方面，全样本代际职业传承均值为 0.45，可以理解为总体上有 45% 的子辈从事与父辈相同的职业。农村样本职业传承均值要高于城镇样本，说明农村子辈更有可能“子承父业”。同时，全样本子辈代际职业向上流动的均值为 0.43，要高于向下流动均值的绝对值 0.31，表明总体上子辈的代际职业向上流动的趋势较强。其中，城镇子辈无论在代际职业向上流动还是向下流动上，都表现出更高的均值，反映出更强的流动性，特别是代际职业向下流动方面。

全样本中共有 1321 个子辈的职业发生向上流动，其中城镇子辈样本 291 个占城镇样本的32.5%，农村子辈样本1030个占农村样本的52.7%，可以看出农村家庭子辈在劳动力垂直流动上的表现更加频繁。相比全样本，代际职业向上流动的子辈样本收入均值更高，到达28120.36元，表明劳动力向上的代际垂直流动能够带来收入的提高。代际职业向上流动的城镇子辈收入均值有一定的提高，而农村子辈的收入均值反而出现下降，这反映出农村子辈在职业向上流动的层次上与城镇存在一定差距；另外职业向上流动的城镇子辈收入均值的标准差高于全样本，说明职业向上流动使得城镇子辈之间的收入差异变大。父辈收入均值无论是总体上，还是分城乡，都低于全样本的父辈收入，表明出父辈收入低，子辈更有可能发生劳动力向上的垂直流动。与全样本相比，代际职业向上流动的子辈有着更好人力资本，平均受教育年限更长。此外，职业向上流动的子辈社会福利有了相应的提高。变量具体情况如表7-2所示。

表7-2　　子辈代际职业向上流动的样本描述

变量描述		样本数量	均值	标准差	最小值	最大值
子辈收入（元/年）	总体	1321	28645.66	28348.08	0	800000
	城镇	291	33907.02	50741.87	800	800000
	农村	1030	27159.19	17181.49	0	160000
父辈收入（元/年）	总体	1321	25381.87	20674.40	300	385000
	城镇	291	31986.86	19866.68	300	130000
	农村	1030	23515.80	20524.42	300	385000
子辈年龄（岁）	总体	1321	26.20	4.83	16	52
	城镇	291	26.64	3.81	17	43
	农村	1030	26.07	5.07	16	52
子辈年龄的平方	总体	1321	709.73	279.45	256	2704
	城镇	291	724.30	218.15	289	1849
	农村	1030	705.62	294.43	256	2704
子辈受教育年限（年）	总体	1321	11.89	2.99	0	19
	城镇	291	13.76	2.83	0	19
	农村	1030	11.36	2.82	6	19
子辈性别	总体	1321	1.40	0.49	1	2
	城镇	291	1.43	0.50	1	2
	农村	1030	1.39	0.49	1	2

续表

变量描述		样本数量	均值	标准差	最小值	最大值
子辈健康状况	总体	1321	1.65	0.62	1	4
	城镇	291	1.64	0.62	1	4
	农村	1030	1.65	0.62	1	4
父辈党员身份	总体	1321	0.12	0.33	0	1
	城镇	291	0.21	0.41	0	1
	农村	1030	0.10	0.30	0	1
子辈医疗保险	总体	1321	0.96	0.19	0	1
	城镇	291	0.93	0.25	0	1
	农村	1030	0.97	0.17	0	1
子辈劳保福利	总体	1321	0.29	0.46	0	1
	城镇	291	0.54	0.50	0	1
	农村	1030	0.22	0.42	0	1

再看代际职业向下流动的子辈，全样本中共有801个子辈的职业发生向下流动，其中城镇子辈251个，农村样本550个，比代际职业向上流动的样本量少。总体而言，子辈代际职业向上流动的趋势更强。父辈收入的平均值要高于子辈收入，且高于子辈向上流动样本的父辈收入均值。这反映出当父辈处于较高的职业阶层时，其子辈很难超过父辈的职业阶层，容易发生代际职业向下流动的现象。城镇样本和农村样本的父辈收入均值均要高于子辈职业向上流动的样本。在子辈职业向下流动的内部，城镇父辈收入均值要高于子辈，而农村父辈收入均值低于子辈。可以发现，农村样本的子辈即使出现了职业向下流动，但通过子辈的努力，收入仍有可能得到提高。总体子辈年龄的均值为26.6岁，比代际职业向下流动的样本均值要大，城乡样本出现同样的情况，表明随着年龄的增加，子辈更有可能出现代际职业向下流动的现象，具体情况见表7－3。

表7－3　　子辈代际职业向下流动的样本描述

变量描述		样本数量	均值	标准差	最小值	最大值
子辈收入（元/年）	总体	801	29015.67	17146.42	900	200000
	城镇	251	30101.9	16692.07	1000	100000
	农村	550	28519.96	17342.17	900	200000

续表

变量描述		样本数量	均值	标准差	最小值	最大值
父辈收入（元/年）	总体	801	29455.47	29838.34	800	414000
	城镇	251	39596.63	35148.91	800	414000
	农村	550	24827.42	25813.04	900	385000
子辈年龄（岁）	总体	801	26.60	4.78	16	46
	城镇	251	26.98	4.20	18	46
	农村	550	26.42	5.02	16	46
子辈年龄的平方	总体	801	730.16	282.13	256	2116
	城镇	251	745.26	250.72	324	2116
	农村	550	723.28	295.32	256	2116
子辈受教育年限（年）	总体	801	11.61	2.87	0	19
	城镇	251	13.31	2.65	9	19
	农村	550	10.84	2.63	0	16
子辈性别	总体	801	1.27	0.44	1	2
	城镇	251	1.30	0.46	1	2
	农村	550	1.25	0.44	1	2
子辈健康状况	总体	801	1.64	0.59	1	4
	城镇	251	1.67	0.57	1	3
	农村	550	1.63	0.60	1	4
父辈党员身份	总体	801	0.24	0.43	0	1
	城镇	251	0.29	0.45	0	1
	农村	550	0.22	0.41	0	1
子辈医疗保险	总体	801	0.96	0.19	0	1
	城镇	251	0.92	0.27	0	1
	农村	550	0.98	0.13	0	1
子辈劳保福利	总体	801	0.27	0.45	0	1
	城镇	251	0.46	0.50	0	1
	农村	550	0.19	0.39	0	1

7.2　模型构建

本章在构建劳动力垂直流动对代际收入传递影响的模型时，主要运用 OLS 模型，采用逐步回归的方法。首先不考虑劳动力垂直流动，仅考虑父辈收入、子辈年龄和子辈受教育年限，构建一个影响代际收入传递的基本回归模型。为了直接测量代际收入弹性，对子辈收入和父辈收入均进行对数处理，具体公式如下：

$$lninc2 = \beta_0 + \beta_1 lninc + \beta_2 age2 + \beta_3 d + \beta_4 eduyr2 + \varepsilon \tag{7-1}$$

其中，lninc2 为对数化后的子辈收入，lninc 为对数化后的父辈收入，age2 为子辈年龄，d 为子辈年龄的平方，eduyr2 为子辈受教育年限，β_0常数项，ε 为误差项，β_1、β_2、β_3、β_4分别为各变量的回归系数。

进一步地，将代际职业流动变量纳入模型。考虑子辈职业与父辈职业是否相同的情况，第二个模型引入代际职业传承的虚拟变量 samejob 以及代际职业传承与父辈收入的交互项 samexinc，用来考察“子承父业”对代际收入传递的影响。之后将影响代际收入传递的其余变量加以控制，得到第三个模型。调整后的回归模型具体见式 7 - 2 和式 7 - 3：

$$lninc2 = \beta_0 + \beta_1 lninc + \beta_2 age2 + \beta_3 d + \beta_4 eduyr2 + \beta_5 samejob + \beta_6 samexinc + \varepsilon \tag{7-2}$$

$$lninc2 = \beta_0 + \beta_1 lninc + \beta_2 age2 + \beta_3 d + \beta_4 eduyr2 + \beta_5 samejob + \beta_6 samexinc + \beta_7 gender2 + \beta_8 health2 + \beta_9 party + \beta_{10} minsur2 + \beta_{11} welfare2 + \beta_{12} hukou2 + \varepsilon \tag{7-3}$$

gender2、health2、minsur2、welfare2、hukou2 分别表示子辈的性别、健康水平、医疗保险、劳保福利、户籍状况的情况，party 表示父辈的党员身份，其中β_5至β_{12}分别为各变量对应的回归系数。除了对全样本进行实证分析外，本章还将全样本分为城镇样本和农村样本，用相同的方法分别对两个样本进行回归分析，用来比较职业传承对代际收入传递影响的城乡差异。

进一步在父辈子辈职业不同中，分别考虑子辈职业向上流动和向下流动两种情况。与上面的模型构建方法思路相类似，分别引入虚拟变量 up、down 以及

upxinc 和 downxinc 两个交互项，用来考察劳动力垂直向上流动和向下流动对代际收入传递的影响。具体公式如下：

$$lninc2 = \beta_0 + \beta_1 lninc + \beta_2 age2 + \beta_3 d + \beta_4 eduyr2 + \beta_5 up + \beta_6 upxinc + \varepsilon \quad (7-4)$$

$$lninc2 = \beta_0 + \beta_1 lninc + \beta_2 age2 + \beta_3 d + \beta_4 eduyr2 + \beta_5 up + \beta_6 upxinc + \beta_7 gender2 + \beta_8 health2 + \beta_9 party + \beta_{10} minsur2 + \beta_{11} welfare2 + \varepsilon \quad (7-5)$$

$$lninc2 = \beta_0 + \beta_1 lninc + \beta_2 age2 + \beta_3 d + \beta_4 eduyr2 + \beta_5 down + \beta_6 downxinc + \varepsilon \quad (7-6)$$

$$lninc2 = \beta_0 + \beta_1 lninc + \beta_2 age2 + \beta_3 d + \beta_4 eduyr2 + \beta_5 down + \beta_6 downxinc + \beta_7 + gender2 + \beta_8 health2 + \beta_9 party + \beta_{10} minsur2 + \beta_{11} welfare2 + \varepsilon \quad (7-7)$$

其中，公式（7－4）和公式（7－5）考察子辈职业向上流动对代际收入传递的影响，公式（7－6）和公式（7－7）则考察子辈职业向下流动对代际收入传递的影响。

7.3 实证分析

7.3.1 代际职业传承对代际收入传递的影响分析

代际职业传承对代际收入传递影响的具体回归结果如表 7－4 所示。不考虑职业传承时，总体上，父辈收入、子辈年龄、子辈年龄平方项和受教育年限对子辈收入产生显著影响，均在 1% 置信水平上显著。父辈收入和受教育年限的回归系数为正，表明这两个变量将对子辈收入产生正向影响，即父辈收入的提高和受教育年限的增加会带来子辈收入的提高。此外，子辈年龄的平方项为负，说明子辈收入与其年龄呈倒“U 形”关系。在职业生涯初期，收入会随着年龄的增加而提高，而在职业生涯的中后期，收入将会下降。城乡样本变量的显著性、正负关系与总体样本基本相同。不同的是城镇样本中，受教育年限变量不显著，这可能与城镇子辈受教育水平普遍较高有关。比较城乡样本各变量的回归系数，可以发现，城镇样本的父辈收入回归系数要大于农村样本，说明城镇代际收入弹性显著高于农村。

表 7 – 4　　代际职业传承回归结果

	总体			城镇			农村		
	1	2	3	1	2	3	1	2	3
父辈收入	0. 2300 *** (0. 0137)	0. 1683 *** (0. 0174)	0. 1701 *** (0. 0173)	0. 4085 *** (0. 0331)	0. 3453 *** (0. 0417)	0. 3482 *** (0. 0414)	0. 2020 *** (0. 0150)	0. 1321 *** (0. 0194)	0. 1295 *** (0. 0193)
年龄	0. 1500 *** (0. 0166)	0. 1508 *** (0. 0166)	0. 1360 *** (0. 0165)	0. 1916 *** (0. 0452)	0. 1839 *** (0. 0451)	0. 1555 *** (0. 0450)	0. 1479 *** (0. 0177)	0. 1488 *** (0. 0176)	0. 1332 *** (0. 0176)
年龄的平方	– 0. 0019 *** (0. 0003)	– 0. 0019 *** (0. 0003)	– 0. 0017 *** (0. 0003)	– 0. 0025 *** (0. 0008)	– 0. 0024 *** (0. 0008)	– 0. 0019 ** (0. 0008)	– 0. 0019 *** (0. 0003)	– 0. 0019 *** (0. 0003)	– 0. 0017 *** (0. 0003)
受教育年限	0. 0154 *** (0. 0039)	0. 0144 *** (0. 0040)	0. 0113 ** (0. 0045)	0. 0132 (0. 0093)	0. 0144 (0. 0093)	0. 0080 (0. 0102)	0. 0222 *** (0. 0046)	0. 0211 *** (0. 0047)	0. 0122 ** (0. 0049)
职业传承		– 1. 5767 *** (0. 2621)	– 1. 5203 *** (0. 2585)		– 1. 8304 *** (0. 6718)	– 1. 6041 ** (0. 6710)		– 1. 6977 *** (0. 2902)	– 1. 6893 *** (0. 2868)
职业传承 × 父辈收入		0. 1551 *** (0. 0263)	0. 1489 *** (0. 0260)		0. 1704 *** (0. 0651)	0. 1487 ** (0. 0650)		0. 1701 *** (0. 0294)	0. 1687 *** (0. 0290)
性别			– 0. 1157 *** (0. 0239)			– 0. 1072 ** (0. 0487)			– 0. 1189 *** (0. 0274)
健康状况			– 0. 0256 (0. 0172)			– 0. 0088 (0. 0365)			– 0. 0284 (0. 0194)
父辈党员身份			0. 0585 * (0. 0309)			– 0. 0772 (0. 0560)			0. 1045 *** (0. 0375)

续表

	总体			城镇			农村		
	1	2	3	1	2	3	1	2	3
医疗保险			0.1216*** (0.0588)			0.1587* (0.0908)			0.1198 (0.0776)
劳保福利			0.2304*** (0.0276)			0.1991*** (0.0509)			0.2313*** (0.0328)
户口			-0.1409*** (0.0284)						
常量	4.9958*** (0.2602)	5.6222*** (0.2794)	6.0711*** (0.2903)	2.4044*** (0.6952)	3.1965*** (0.7482)	3.6318*** (0.7852)	5.2696*** (0.2837)	5.9595*** (0.3060)	6.3712*** (0.3206)
Adjusted R^2	0.1535	0.1611	0.1854	0.2240	0.6773	0.6687	0.1421	0.1513	0.1721
样本量	3879	3879	3879	895	895	895	2984	2984	2984

注：表中汇报的是估计系数，括号内为标准误，***、**、*分别代表在1%、5%、10%的水平上显著。

在引入职业传承变量和其与父辈收入的交互项后，职业传承变量回归系数在三个样本中均显著为负，说明职业传承对子辈收入产生了负向影响，子辈与父辈在相同职业阶层并不利于子辈收入的提高。而职业传承与父辈收入的交互项在三个样本中均显著为正，说明尽管职业传承会对子辈收入产生负面影响，但如果父辈收入较高（职业阶层较高），此时子辈从事相同的职业，仍然会促进其收入的提高，强化代际收入的传递。在考虑职业传承后，城乡样本父辈收入的回归系数都出现了下降，代际职业流动使得代际收入弹性下降，促进了代际收入的流动。

在加入控制变量后，三个样本的代际收入弹性变化不大，城镇样本的弹性仍要高于农村样本，说明城乡之间代际收入差异是显著的、稳定的。城镇子辈更有可能传承父辈的收入水平，另一方面则表现出农村子辈更强的代际收入流动性。另外，农村样本的交互项回归系数要高于城镇样本，说明农村子辈“子承父业”时，其收入对父辈收入的变化更加敏感。性别变量和劳保福利变量都对城乡子辈收入产生显著性影响，而健康状况对城乡子辈收入都未产生显著影响。性别变量回归系数为负，表明城乡男性子辈的收入较高，代际收入传递存在一定性别差异；而劳保福利变量回归系数为正，则说明享有劳保福利的城乡子辈收入更高，因为这些子辈更有可能在正规部门就业。父辈的党员身份对农村子辈代际收入的影响更加显著，而医疗保险则只对城镇子辈的收入产生正向影响。

总体而言，在考虑各项影响因素后，“子承父业”会弱化代际收入的传递，但代际收入传递的现象仍然存在。尽管仅考虑子辈职业与父辈职业相同时，子辈的代际收入出现下降；但是若父辈的职业阶层较高，即父辈收入较高时，职业传承则有助于子辈代际收入的提高。从城乡来看，城镇子辈代际收入弹性更大，说明城镇代际收入传承性较好但流动性较差，农村子辈的收入更有机会向上流动。同时，农村子辈在继承父业时，他们的收入更容易受到父辈收入的影响。

7.3.2　代际职业向上流动对代际收入传递的影响分析

子辈代际职业向上流动的回归分析结果如表 7 – 5 所示。在引入职业向上流动变量以及交互项后，三个样本的代际收入弹性均比不考虑劳动力垂直流动有了较大幅度的提高，同时也高于代际职业传承的样本。说明在职业向上流动的

表 7－5　　代际职业向上流动回归结果

	总体			城镇			农村		
	1	2	3	1	2	3	1	2	3
父辈收入	0.2300*** (0.0137)	0.3243*** (0.0208)	0.3139*** (0.2063)	0.4085*** (0.0331)	0.5144*** (0.0519)	0.4979*** (0.0529)	0.2020*** (0.0150)	0.3046*** (0.0228)	0.3011*** (0.0226)
年龄	0.1500*** (0.0166)	0.1604*** (0.0168)	0.1437*** (0.1860)	0.1916*** (0.0452)	0.2238*** (0.0549)	0.1945*** (0.0551)	0.1479*** (0.0177)	0.1535*** (0.0196)	0.1388*** (0.0195)
年龄的平方	－0.0019*** (0.0003)	－0.0021*** (0.0003)	－0.0018*** (0.0003)	－0.0025*** (0.0008)	－0.0031*** (0.0010)	－0.0027*** (0.0010)	－0.0019*** (0.0003)	－0.0020*** (0.0003)	－0.0018*** (0.0003)
受教育年限	0.0154*** (0.0039)	0.0144*** (0.0044)	0.0052 (0.0048)	0.0132 (0.0093)	0.0120 (0.0109)	0.0079 (0.0121)	0.0222*** (0.0046)	0.0209*** (0.0052)	0.0120** (0.0055)
职业向上流动		1.8307*** (0.2916)	1.7742*** (0.2888)		1.0467 (0.7764)	0.7620 (0.7805)		2.1355*** (0.3175)	2.1341*** (0.3140)
向上流动×父辈收入		－0.1815*** (0.0293)	－0.1745*** (0.0270)		－0.0901 (0.0757)	－0.0622 (0.0761)		－0.2168*** (0.0322)	－0.2153*** (0.0318)
性别			－0.1167*** (0.2701)			－0.1266** (0.0573)			－0.1128*** (0.0304)
健康状况			－0.0353 (0.1921)			－0.0302 (0.0423)			－0.0277 (0.0213)
父辈党员身份			0.0777** (0.0377)			－0.0335 (0.0695)			0.1314*** (0.0456)

续表

	总体			城镇			农村		
	1	2	3	1	2	3	1	2	3
医疗保险			0. 1422 ** (0. 6584)			0. 1918 * (0. 1114)			0. 1004 (0. 0829)
劳保福利			0. 1853 *** (0. 0309)			0. 1245 ** (0. 0615)			0. 2203 *** (0. 0363)
常量	4. 9958 *** (0. 2602)	3. 8882 *** (0. 3228)	4. 3853 *** (0. 3373)	2. 4044 *** (0. 6952)	0. 9000 *** (0. 8874)	1. 5801 *** (0. 9299)	5. 2696 *** (0. 2837)	4. 1525 *** (0. 3483)	4. 5643 *** (0. 3635)
Adjusted R^2	0. 1535	0. 1716	0. 1884	0. 2240	0. 2634	0. 2737	0. 1421	0. 1619	0. 1812
样本量	3879	3078	3078	895	644	644	2984	2434	2434

注：表中汇报的是估计系数，括号内为标准误，***、**、* 分别代表在 1%、5%、10% 的水平上显著。

子辈中，代际收入传承性更强，子辈收入受父辈收入的影响更大。同样地，城镇样本的代际收入弹性高于农村样本，说明城镇较强的代际收入传承性在职业向上流动的子辈中仍然存在。受教育年限依旧没有对城镇样本产生显著影响。

总体上子辈职业向上流动能够提高代际收入，且在1%显著水平上显著；但向上流动与父辈收入的交互项系数为负，说明当父辈收入较高时，即职业阶层较高时，子辈越难向上流动，削弱了子辈收入提高的可能性，从而减少代际收入的传承。农村样本表现出更强的趋势，反映出农村子辈代际职业向上流动对其收入的促进作用更加明显。对城镇子辈而言，职业向上流动以及交互项没有对代际收入的提高产生显著影响。加入控制变量后，三个样本的代际收入弹性、职业向上流动系数和交互项系数均未发生较大的波动。职业向上流动系数和交互项系数对城镇样本的影响仍不显著。性别和劳保福利同时对城乡子辈代际收入产生影响，医疗保险对城镇代际收入传递产生正向影响，父辈的政治背景则对农村子辈产生显著正向影响。

总体上，子辈职业向上流动能够提高子辈的收入，但同时考虑子辈职业流动情况与父辈收入时，会因父辈较高的收入起点对子辈收入的提高产生负面影响，这种影响在农村样本中更加突显，而对城镇样本不显著。与代际职业传承相比，子辈职业的向上流动强化了代际收入传递，城镇样本和农村样本的代际收入弹性更大，表明代际收入传承性更好。从样本内部来看，城镇样本的代际收入弹性要高于农村样本，说明在职业向上流动的样本中，代际收入传递同样存在着城乡差异，城镇子辈收入更容易受父辈收入的影响，农村子辈收入的流动性更强。

7.3.3 代际职业向下流动对代际收入传递的影响分析

三个样本的代际收入弹性随着职业向下流动变量以及交互项的加入而提高（见表7-6），说明子辈职业在向下流动的过程中，同样存在代际收入传承现象，代际收入弹性变大。另外，受教育年限对子辈收入的促进作用明显减弱，特别是对城镇样本，但仍对农村样本产生显著的正向影响，表明农村子辈在职业向下流动的过程中，受教育程度仍能提高代际收入。无论是总样本还是城乡样本，子辈职业向下流动都会减少子辈收入，但农村子辈收入受职业向下流动的影响要小于城镇子辈。这可能与农村子辈所从事职业的收入整体较低有关，尽管职业向下流动，但收入减少的幅度要小于城镇。三个样本的交互项均显著为正，表明尽管子辈职业相对父辈出现了向下流动，但如果父辈的收入越高（职业阶层越高），可以减弱子辈职业向下流动对其收入带来的负面影响，从而提高子辈收入。城镇的交互项系数要高于农村，说明城镇子辈收入受父辈影响更大，流动性要低于农村子辈。

加入控制变量后，主要核心解释变量系数的显著性和正负号未发生变化，具体系数的值波动不大，子辈职业向下流动对代际收入传递的影响是较为稳定的。在控制变量中，父辈的党员身份和劳保福利同时对城乡子辈收入产生影响。父辈党员身份对城镇子辈收入产生负向影响，对农村子辈产生正向影响；劳保福利的影响都是正向的。此外，农村的男性子辈在职业向下流动的过程中，更有可能得到较高的收入；获得医疗保险的城镇子辈收入可能更高。

7.4 总　　结

综合来看，不考虑劳动力垂直流动方向时，代际职业传承会增强代际收入弹性，提高代际收入传承性。考虑劳动力垂直流动方向后，代际职业向上流动，会增强代际收入的流动性，而代际职业向下流动则增强了代际收入传承性。

代际职业传承不利于子辈收入的提高，在代际职业流动中，向上流动会促进农村子辈收入的提高，对城镇子辈的作用不显著，但向下流动均不利于城乡子辈收入的提高。子辈职业向上流动时，父辈收入越高并不能增强子辈职业流动对收入的促进作用；相反的，子辈职业向下流动时，父辈收入越高能削弱子辈职业流动对收入的不利影响。享有劳保福利能显著增强子辈收入水平，子辈为儿子的收入高于女儿的收入，农村父辈的党员身份利于子辈收入的提高。

而比较代际收入弹性，当子辈代际职业向下流动时，代际收入弹性最大，表明当子辈职业阶层较低时越难改善较差的代际收入状况。子辈职业传承和职业向下流动都会强化代际收入的传承性，而职业向上流动则提高了代际收入的流动性。从城乡来看，三种职业流动类型的城镇样本的代际收入弹性都要高于农村样本，说明城镇子辈的代际收入传承性较强，向其他收入阶层流动的阻碍较大。其中，职业向下流动的城镇子辈的代际收入弹性最大，代际职业传承的农村子辈的代际收入弹性最小。

表 7-6　代际职业向下流动回归结果

	总体			城镇			农村		
	1	2	3	1	2	3	1	2	3
父辈收入	0.2300*** (0.0137)	0.3327*** (0.0207)	0.3230*** (0.0205)	0.4085*** (0.0331)	0.5203*** (0.0508)	0.5142*** (0.0513)	0.2020*** (0.0150)	0.3051*** (0.0228)	0.3021*** (0.0026)
年龄	0.1500*** (0.0166)	0.1183*** (0.0203)	0.1057*** (0.0202)	0.1916*** (0.0452)	0.1399*** (0.0498)	0.1169** (0.0497)	0.1479*** (0.0177)	0.1171*** (0.0222)	0.1076*** (0.0221)
年龄的平方	-0.0019*** (0.0003)	-0.0014*** (0.0004)	-0.0012*** (0.0004)	-0.0025*** (0.0008)	-0.0016* (0.0009)	-0.0012 (0.0008)	-0.0019*** (0.0003)	-0.0014*** (0.0004)	-0.0013*** (0.0004)
受教育年限	0.0154*** (0.0039)	0.0056 (0.0049)	-0.0040 (0.0054)	0.0132 (0.0093)	0.0130 (0.0114)	0.0067 (0.0124)	0.0222*** (0.0046)	0.0143** (0.0059)	0.0044 (0.0062)
职业向下流动		-1.1253*** (0.3393)	-1.1127*** (0.3375)		-2.5660*** (0.7943)	-2.6852*** (0.7954)		-0.8113** (0.3923)	-0.7836** (0.3909)
向下流动×父辈收入		0.1080*** (0.0339)	0.1071*** (0.0337)		0.2452*** (0.0766)	0.2559*** (0.0767)		0.0756* (0.0398)	0.0740* (0.0396)
性别			-0.0641** (0.0305)			0.0081 (0.0593)			-0.0781** (0.0355)
健康状况			-0.0268 (0.0210)			-0.0098 (0.0432)			-0.0220 (0.0239)
父辈党员身份			0.0287 (0.0370)			-0.1357** (0.0659)			0.1020** (0.0453)

续表

	总体			城镇			农村		
	1	2	3	1	2	3	1	2	3
医疗保险			0.2349*** (0.0722)			0.2412** (0.1081)			0.1430 (0.0999)
劳保福利			0.2014*** (0.0341)			0.2068*** (0.0605)			0.2260*** (0.0420)
常量	4.9958*** (0.2602)	4.5169*** (0.3401)	4.7763*** (0.3523)	2.4044*** (0.6952)	1.9532** (0.8371)	2.1716*** (0.8713)	5.2696*** (0.2837)	4.7647*** (0.3750)	5.0084*** (0.3902)
Adjusted R^2	0.1535	0.1751	0.1909	0.2240	0.2426	0.2658	0.1421	0.1653	0.1803
样本量	3879	2559	2559	895	604	604	2984	1955	1955

注：表中汇报的是估计系数，括号内为标准误，***、**、*分别代表在1%、5%、10%的水平上显著。

第 8 章　劳动力流动对城乡代际收入传递机制的分解

前文分别分析了劳动力的水平流动和垂直流动对城乡代际收入的影响，结果显示两种流动对城乡代际收入传递产生的影响都显著，但对代际收入弹性的影响程度和方向存在差异。在此基础上，本章将进一步分析两种流动共同作用下，对城乡居民代际收入传递的影响，并对传递途径和机制进行分解，将代际收入弹性分解成不同影响机制来源，测算具体流动因素对城乡代际收入传递的贡献程度。

8.1　劳动力流动对城乡代际收入传递的实证分析

8.1.1　变量设置

（1）因变量

与前两章的分析相衔接，本节选取的因变量依旧是子辈的收入水平，回归分析时对其进行对数处理。

（2）自变量

自变量的设置分为三个方面，根据测算代际收入弹性的基本变量、劳动力水平流动和垂直流动分别的变化因素来选择。其中，基本变量包括父辈收入（回归分析时仍然进行对数处理，可以直接衡量代际收入弹性的变化情况）、子辈的年龄以及受教育水平。劳动力水平流动因素主要考虑子辈是否发生迁移流动，以及子辈迁移流动与父辈收入的交叉项，共同考虑子辈迁移对子辈收入和代际收入弹性的影响。水平流动变量的处理与第 6 章相同，所有样本处理后子辈存在外出务工和迁移流动时用“1”表示，没有则用“0”表示。劳动力垂直流动因素主要考虑子辈与父辈职业阶层相比的流动情况，即代际职业流动情况，以及代际职业流动与父辈收入的交叉项，共同考虑子辈职业传递对子辈收入和代际收入弹性的影响。垂直流动变量的处理与第 7 章相同，当子辈职业阶层与父辈相同时认为存在代际职业传承，用“1”表示，当子辈职业阶层与父辈不同时认为发生了代际职业流动，用“0”表示。

本章主要分析流动因素对代际收入传递的影响，故其他控制变量的影响不同时考虑。

8.1.2　模型构建

本章在模型构建时主要采用 OLS 回归分法，在基准回归的基础上进一步使用分位数回归来分析不同收入阶层在劳动力流动因素影响下的代际收入传递即代际收入弹性的变化情况。具体公式如下：

$$\begin{aligned} lninc2 = \gamma_0 + \gamma_1 lninc + \gamma_2 age2 + \gamma_3 age2^2 + \gamma_4 eduyr2 + \gamma_5 mig2 \\ + \gamma_6 incxmig2 + \gamma_7 samejob + \gamma_8 samexinc + \varepsilon \end{aligned} \quad (8-1)$$

其中，lninc2 为对数化后的子辈收入，lninc 为对数化后的父辈收入，age2 为子辈年龄，$age2^2$为子辈年龄的平方，eduyr2 为子辈受教育年限，mig2 为子辈水平流动情况，incxmig2 为子辈水平流动和父辈收入的交叉项，samejob 为代际职业传承情况，samexinc 为代际职业传承与父辈收入的交互项。其中，γ_0常数项，ε 为误差项，$\gamma_1 - \gamma_8$分别为各变量的回归系数。

8.1.3　实证结果

（1）劳动力流动对代际收入传递的影响分析

劳动力流动对代际收入传递影响的实证结果见表 8－1。子辈收入与年龄依旧呈现倒“U 形”关系，受教育水平的提高促进子辈收入的提高，但城乡之间教育对农村居民的影响更显著。在水平流动方面，劳动力水平流动的系数为正向且十分显著，反映出子辈外出务工对其收入提高的作用十分明显，同时农村子辈水平流动的系数大于城镇子辈，说明农村子辈水平流动对其收入的改善作用更强。父辈收入与水平流动交叉项的回归系数在三个样本中均为负且显著，说明子辈外出务工一定程度上会减弱父辈收入对其收入的影响，即减弱代际收入传递性，增强了代际收入的流动性，劳动力的水平流动即外出务工是增强代际收入流动的重要途径。

表 8－1　　劳动力流动的回归结果

	总体	城镇	农村
父辈收入	0.3346*** (0.0245)	0.3341*** (0.0421)	0.3283*** (0.0320)
年龄	0.1469*** (0.0163)	0.1994*** (0.0428)	0.1398*** (0.0176)
年龄的平方	－0.0018*** (0.0003)	－0.0026*** (0.0007)	－0.0017*** (0.0003)
受教育年限	0.0189*** (0.0040)	0.0195** (0.0091)	0.0214*** (0.0048)
水平流动	2.4163*** (0.2688)	2.3497*** (0.7906)	2.4182*** (0.3285)
父辈收入×水平流动	－0.2230*** (0.0268)	－0.2206*** (0.0774)	－0.2237*** (0.0329)
职业相同	－1.3594*** (0.2584)	－1.7497*** (0.6412)	－1.4388*** (0.2897)
父辈收入×职业相同	0.1341*** (0.0259)	0.1614*** (0.0624)	0.1456*** (0.0293)
常量	3.8142*** (0.3239)	2.9874*** (0.7285)	3.9590*** (0.3897)
Adjusted R^2	0.1902	0.2117	0.1805
样本量	3879	946	2933

注：表中汇报的是估计系数，括号内为标准误，***、**、* 分别代表在 1%、5%、10% 的水平上显著。

在垂直流动方面，三个样本中垂直流动的系数均为负且显著，反映出子辈与父辈职业相同时不利于子辈收入的提高，即代际职业传承表现出的“子承父业”影响了子辈收入，这种情况在城镇表现出的作用比农村更显著。同时考虑代际职业传承和父辈收入共同影响时，交叉项的系数为正且显著，说明子辈与父辈职业阶层相同时会促进父辈收入对子辈收入的影响水平，增强了代际收入的传递性，劳动力垂直流动下的代际职业传承是代际收入传承的重要途径。

总体上看，劳动力的水平流动和垂直流动均能促进子辈收入的提高，水平流动的作用在农村家庭表现得更加明显，而垂直流动的作用则在城镇家庭表现得更突出。劳动力的水平流动能够增强代际收入的流动性，而劳动力垂直流动中的代际职业传承则增强了代际收入传承水平。在所有对代际收入传递的影响因素中，子辈的教育水平、水平流动情况以及垂直流动情况均表现出较稳定且显著的作用，是影响代际收入传递水平的重要途径。

（2）不同收入阶层劳动力流动对代际收入传递的影响分析

从第 4 章和第 5 章对城乡居民中不同收入阶层和职业阶层的流动性分析结果可以发现，最低收入阶层和最高收入阶层家庭的代际流动性与中间收入阶层表现出较大区别且城乡差异明显，因此，对处于不同收入分配阶层家庭，劳动力流动对其代际收入传递的影响应该存在差异。本部分采用分位数回归的方法，选取 0.1、0.3、0.5、0.7、0.9 五个分位标准，分别对城乡居民中的低收入家庭、中低收入家庭、中等收入家庭、中高收入家庭和高收入家庭的代际收入传递影响进行分析，具体结果见表 8 -2。

分位数回归结果中，所有变量的系数方向没有发生改变，只是在显著性水平上存在差异，说明各变量对代际收入的影响是稳定的。从代际收入弹性大小来看，农村家庭的代际收入弹性在各分位均高于城镇家庭，特别是农村低收入家庭代际收入弹性高达 0.49，农村低收入家庭子辈容易陷入“代际贫困陷阱”。代际收入弹性随着分位的提高即收入阶层的提高而下降，反映出收入的提高可以降低代际收入传承，提高代际收入的流动性。

在个人特征方面，除城镇高收入人群外，其他各收入阶层子辈的收入均与年龄呈现倒“U 形”关系，收入先随着年龄的增长而提高，到达拐点水平后再随着年龄的进一步增长而下降，这与人力资本报酬随年龄损耗的变化规律相同。但在城镇高收入人群中，可能因为自身阶层较高享受的养老保险水平也较高，年龄到达一定水平后其收入特别是退休金并没有出现较大幅度变化。教育的影响作用在城乡之间的差异较为明显，教育对农村大部分家庭子辈的收入有较好的改善作用，但在城镇家庭中仅对中高收入家庭作用明显。教育对收入的改善作用，在农村最低收入家庭和城镇低收入及中低收入家庭中没有发挥出来，

表 8 – 2　劳动力流动的分位数回归结果

	城镇					农村				
	Q10	Q30	Q50	Q70	Q90	Q10	Q30	Q50	Q70	Q90
父辈收入	0. 4283 *** (0. 1213)	0. 3447 *** (0. 0924)	0. 3250 *** (0. 0517)	0. 2299 *** (0. 0513)	0. 1790 *** (0. 0499)	0. 4942 *** (0. 0812)	0. 3509 *** (0. 0517)	0. 2773 *** (0. 0325)	0. 2521 *** (0. 0396)	0. 2151 *** (0. 0721)
年龄	0. 4005 ** (0. 1702)	0. 2982 *** (0. 0895)	0. 1485 *** (0. 0523)	0. 1218 *** (0. 0307)	0. 1036 ** (0. 0479)	0. 2434 *** (0. 0798)	0. 1231 *** (0. 0226)	0. 1201 *** (0. 0188)	0. 1137 *** (0. 0214)	0. 1069 *** (0. 0214)
年龄的平方	-0. 0058 ** (0. 0028)	-0. 0044 *** (0. 0015)	-0. 0019 ** (0. 0009)	-0. 0015 *** (0. 0005)	-0. 0010 (0. 0007)	-0. 0034 ** (0. 0014)	-0. 0015 *** (0. 0004)	-0. 0015 *** (0. 0003)	-0. 0014 *** (0. 0004)	-0. 0012 *** (0. 0004)
受教育年限	0. 0063 (0. 0244)	0. 0186 (0. 0114)	0. 0146 * (0. 0086)	0. 0230 *** (0. 0060)	0. 0329 *** (0. 0118)	0. 0130 (0. 0096)	0. 0169 *** (0. 0062)	0. 0226 *** (0. 0041)	0. 0255 *** (0. 0042)	0. 0274 *** (0. 0035)
水平流动	3. 5554 ** (1. 8090)	1. 6573 (1. 6265)	2. 0029 (1. 3690)	2. 3220 *** (0. 6819)	1. 7114 ** (0. 8501)	1. 7383 *** (0. 6540)	2. 4818 *** (0. 5819)	2. 5007 *** (0. 3882)	2. 3481 *** (0. 3576)	1. 8530 ** (0. 7599)
父辈收入 × 水平流动	-0. 3346 * (0. 1761)	-0. 1537 (0. 1601)	-0. 1850 (0. 1313)	-0. 2147 *** (0. 0666)	-1. 6529 ** (0. 0822)	-0. 1484 ** (0. 0614)	-0. 2285 *** (0. 0573)	-0. 2347 *** (0. 0386)	-0. 2215 *** (0. 0362)	-0. 1662 ** (0. 0760)
职业相同	-2. 4507 * (1. 4160)	-3. 0342 *** (1. 1503)	-2. 5474 *** (0. 7427)	-1. 8297 *** (0. 6525)	-1. 9086 (1. 3435)	-0. 9084 (0. 8890)	-1. 8095 *** (0. 5717)	-1. 6043 *** (0. 3749)	-1. 2420 *** (0. 2181)	-1. 1414 *** (0. 2844)
父辈收入 × 职业相同	0. 2160 (0. 1365)	0. 2905 ** (0. 1120)	0. 2370 *** (0. 0709)	0. 1685 *** (0. 0628)	0. 1792 (0. 1275)	0. 0952 (0. 0886)	0. 1830 *** (0. 0569)	0. 1621 *** (0. 0374)	0. 1265 *** (0. 0226)	0. 1120 *** (0. 0275)
常量	-1. 5285 (3. 0696)	1. 3655 (1. 8344)	4. 1187 *** (0. 8976)	5. 6055 *** (0. 6115)	6. 4581 *** (0. 8619)	0. 0290 (1. 1790)	3. 9009 *** (0. 5114)	4. 9318 *** (0. 3453)	5. 4658 *** (0. 3525)	6. 1652 *** (0. 7732)
R^2	0. 1587	0. 1319	0. 1327	0. 1214	0. 1062	0. 1109	0. 1031	0. 1042	0. 0922	0. 1122

注：表中汇报的是估计系数，括号内为标准误，***、**、*分别代表在1%、5%、10%的水平上显著。

这三类家庭父辈对子辈的教育投资较少，子辈受教育程度低，容易出现“智力贫困”，从而表现出“寒门难出贵子”的社会阶层固化现象。

在劳动力水平流动方面，农村家庭子辈外出务工能显著促进其收入的提高，且随着收入阶层的提高，改善作用先上升后下降，农村中间收入阶层家庭子辈外出务工对其收入改善作用较大，可能因为农村中间阶层家庭子辈相较于低收入家庭子辈更具备外出务工的条件，相较于高收入家庭子辈更具备外出务工的推动力。而对于城镇家庭，水平流动对低收入家庭的改善作用最显著，其次是中高收入家庭和高收入家庭，对于中低收入和中等收入子辈的作用不显著。城镇收入最低家庭子辈外出务工推动力最大，外出务工对其收入的改善作用大大减弱了教育的作用。父辈收入与水平流动交叉项的影响与水平流动相似，农村家庭子辈的水平流动可以有效降低父辈收入对其收入的影响，从而促进代际收入的流动，对代际收入流动性的促进作用随着农村家庭收入阶层的提高先增大，中间阶层效果最突出，随后促进作用会减弱但仍旧显著。城镇家庭中，子辈的水平流动对代际收入流动性的促进作用在中高收入家庭和高收入家庭表现显著，在中低收入和中等收入家庭作用不明显。

在劳动力垂直流动方面，代际职业传递对代际收入影响在城乡不同收入阶层中存在较大差异。代际职业传承对城镇低收入到中高收入家庭子辈的收入提高都有明显的阻碍作用，且阻碍作用随着收入阶层的提高而减弱，但对城镇高收入家庭作用不显著，可能因为城镇高收入家庭子辈本身收入水平较高，“子承父业”虽然使其收入难以超过父辈但也并不会给其收入带来不利影响。而农村家庭中，代际职业传承不利于中低收入到高收入家庭中子辈收入的提高，不利水平同样随着收入阶层的提高而下降。代际职业传承对农村家庭最低收入水平子辈收入的影响不显著，可能的原因在于农村最低收入阶层家庭中父辈和子辈的收入都非常低，子辈收入也较难受到父辈收入再下降带来的不利影响了。父辈收入和代际职业传承交叉项的系数均为正，在农村中低收入到高收入家庭以及城镇中低收入到中高收入家庭中作用显著，反映出代际职业传承促进了这些家庭的代际收入传承，促进作用随着收入阶层的提高而减弱。代际职业传递对代际收入传递的作用在农村最低收入家庭和城镇最低和最高收入家庭中作用不明显，一定程度上表现出农村收入分配底端和城镇收入分配两端家庭的代际职业传承现象相对不明显。

整体而言，劳动力水平流动对农村家庭子辈收入的促进作用比城镇家庭显著，能较好地改善代际收入流动性，且对农村中等收入家庭作用最大，而对城镇中等收入家庭作用不显著。城镇中间收入家庭外出务工对其收入的改善作用不明显，但会通过代际职业流动来促进其收入的提高，增强了代际收入流动水平。劳动力的垂直流动中，代际职业传承对代际收入传承的影响在城乡中间收入家庭中表现显著。从影响程度来看，劳动力的水平流动和垂直流动对代际收入弹性的作用随着城乡家庭收入阶层的提高而减弱。

8.2　代际收入传递路径分析

上一节的实证分析结果表明，受教育程度、劳动力的水平流动和垂直流动对代际收入传递产生了显著的影响，但这三个因素在父辈和子辈之间具体如何传递，相互间的作用和影响程度究竟有多大，还需要对传递路径进行分析和分解。如图 8 – 1 所示，父辈永久性收入的影响因素包括四大类，分别是父辈受教育程度、父辈的水平流动情况、父辈的职业状况以及其他因素。同样地，子辈的永久性收入主要受到子辈受教育程度、水平流动状况、职业状况和其他因素的影响。在父辈的永久性收入和子辈的永久性收入之间，存在代际收入传递，可以认为父辈的永久性收入会对子辈收入产生影响，影响程度的大小可以视作代际收入传递水平。

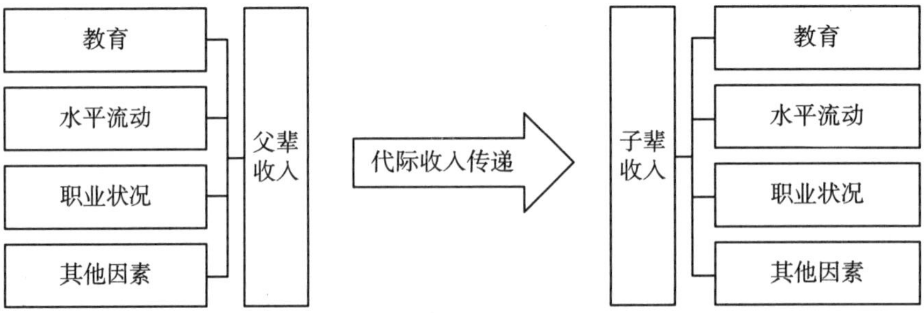

图 8 – 1　代际收入传递路径

将图 8 – 1 中的代际收入传递路径进行分解之后，各传递路径的具体情况如图 8 – 2 所示。这种机制分解是将父辈收入对子辈收入即代际收入弹性分解成父辈永久性收入的各影响因素对子辈永久性收入各影响因素的影响。代际收入传递路径的起点上，主要考虑影响父辈永久性收入的三个主要变量即父辈受教育程度、水平流动以及职业状况；代际收入传递路径的终点上，主要包括子辈永久收入的四个变量，除子辈受教育程度、水平流动和职业状况外，另外的控制变量组成的其他因素也一并考虑。在此情况下，从父辈到子辈影响代际收入传递的路径被分解成 12 条，从父辈的教育、水平流动和职业状况出发每个方面都有 4 条途径，分别对应子辈的教育、水平流动、职业状况和其他因素。每一条影响路径都会对代际收入传递产生作用，如父辈教育对子辈教育、子辈水平流动、子辈职业、子辈其他因素的影响的 4 条路径共同构成了教育对代际收入传递的影响路径。每一条传递路径的贡献率都能解释代际收入弹性的部分大小，所有传递路径贡献率之和构成了代际收入弹性。通过对代际收入传递路径进行分解，可以从多个方面综合全面衡量出水平流动和职业流动等对子辈收入的影响，有利于更好地理解和分析代际收入传递的大小和方向。

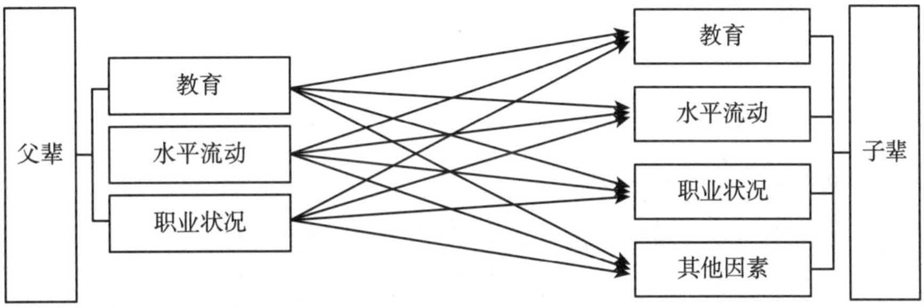

图 8 –2　代际收入传递路径分解

8.3　基于永久性收入的代际收入传递机制分解方法

代际收入弹性反映了父辈收入对子辈收入的影响程度，而这种影响又可以分解为不同的机制来源，从而估计不同因素对代际收入传递的贡献率（Bowles 等，2002；Lefranc 等，2005）。越来越多的学者通过分解代际收入弹性来探究代际收入的传递机制，其分解方法包括基于样本平均值的代际收入传递机制分解和基于永久性收入的代际收入传递机制分解，两种方法的差异体现在对样本选择性偏误的处理方式不同。本书选取的数据为 CHIP2013 截面数据，在前面估算代际收入弹性时为了降低估计偏误使用工具变量法对父辈永久性收入进行了估算，在代际收入传递分解上无法利用样本数据求出个体在各年份收入的平均值，因此，仍然选用基于永久性收入的代际收入传递机制分解方法。基于永久性收入的代际收入传递机制分解方法中，子辈和父辈的永久性收入分别可以用其教育、流动、职业等特征进行预测，在此基础上，父辈永久性收入对子辈永久性收入的影响，即代际收入弹性则可以被分解为父辈的教育、流动、职业等特征对子辈教育、流动、职业等特征的不同影响路径。

根据永久性收入的代际收入传递机制分解方法，首先对父辈和子辈的永久性收入进行了预测，分别代替父辈和子辈的当期收入来分析代际收入传递机制。根据以上对代际收入传递路径的分析，子辈的永久性收入与其受教育程度、水平流动、职业状况以及其他因素相关，父辈的永久性收入也与其受教育程度、水平流动、职业状况以及其他因素相关。因此，子辈的永久性收入通过将子辈的当期收入作为因变量，子辈的教育、流动和职业情况作为自变量，运用多元线性回归模型来进行预测，父辈的永久性收入也用此方法进行预测。具体模型如下：

$$Y_i^c = Edu_i^c r_e^c + Mig_i^c r_m^c + Occ_i^c r_o^c + v_i^c \quad (8-2)$$

$$Y_i^f = Edu_i^f r_e^f + Mig_i^f r_m^f + Occ_i^f r_o^f + v_i^f \quad (8-3)$$

其中，Edu_i^c和Edu_i^f分别表示子辈和父辈的受教育年限，Mig_i^c和Mig_i^f分别表示子辈和父辈的水平流动情况，Occ_i^c和Occ_i^f分别表示子辈和父辈的职业状况，v_i^c和v_i^f则分别表示两个回归模型中影响子辈和父辈收入的其他因素。使用 OLS 回归方法对公式（8 –2）和公式（8 –3）进行回归后，可以获得与受教育年限、水平流动以及职业状况相关的父辈永久性收入预测值$\hat{Y}_i^f$和子辈永久性收入的预测值$\hat{Y}_i^c$，并可以在此基础上构建模型估计代际收入弹性。根据父辈和子辈永久性收入的预测值$\hat{Y}_i^f$和$\hat{Y}_i^c$估计代际收入弹性β的模型如下所示：

$$\hat{Y}_i^c = \alpha + \beta \hat{Y}_i^f + e_i \quad (8-4)$$

结合公式（8 –2）和公式（8 –3），代际收入弹性β可以用新的方程表示，如公式（8 –5）所示：

$$\beta = \frac{Cov(Y_i^c,\ Edu_i^f r_e^f + Mig_i^f r_m^f + Occ_i^f r_o^f)}{V(Edu_i^f r_e^f + Mig_i^f r_m^f + Occ_i^f r_o^f)} \quad (8-5)$$

根据公式（8 –5），使用基于永久性收入的代际收入传递机制分解方法可以进一步将代际收入弹性β分解成以下 12 个部分：

$$\beta = \frac{1}{V(Edu_i^f r_e^f + Mig_i^f r_m^f + Occ_i^f r_o^f)} \times \begin{bmatrix} r_e^c Cov(Edu_i^c, Edu_i^f) r_e^f + r_e^c Cov(Edu_i^c, Mig_i^f) r_m^f + \\ r_e^c Cov(Edu_i^c, Occ_i^f) r_o^f + r_m^c Cov(Mig_i^c, Edu_i^f) r_e^f + \\ r_m^c Cov(Mig_i^c, Mig_i^f) r_m^f + r_m^c Cov(Mig_i^c, Occ_i^f) r_o^f + \\ r_o^c Cov(Occ_i^c, Edu_i^f) r_e^f + r_o^c Cov(Occ_i^c, Mig_i^f) r_m^f + \\ r_o^c Cov(Occ_i^c, Occ_i^f) r_o^f + Cov(V_i^c, Edu_i^f) r_e^f + \\ Cov(V_i^c, Mig_i^f) r_m^f + Cov(V_i^c, Occ_i^f) r_o^f \end{bmatrix} \quad (8-6)$$

公式（8－5）中的分子被分解为公式（8－6）中的分子，从中可以归纳出实现代际收入传递的不同路径：通过父辈的受教育年限（Edu_i^f）对子辈的受教育年限（Edu_i^c）、水平流动（Mig_i^c）、职业状况（Occ_i^c）以及其他影响子辈收入的因素（V_i^c）产生影响；通过父辈的水平流动（Mig_i^f）对子辈的受教育年限、水平流动、职业状况以及其他影响子辈收入的因素产生影响；通过父辈的职业状况（Occ_i^f）对子辈的受教育年限、水平流动、职业状况以及其他影响子辈收入的因素产生影响。基于永久性收入的代际收入传递机制分解方法，教育对代际收入传递机制的总影响程度等于父辈的受教育年限对子辈的受教育年限、水平流动、职业状况以及其他影响子辈收入的因素影响的路径之和，水平流动对代际收入传递机制的总影响程度等于父辈的水平流动对子辈的受教育年限、水平流动、职业状况以及其他影响子辈收入的因素影响的路径之和，职业对代际收入传递机制的总影响程度等于父辈的职业状况对子辈的受教育年限、水平流动、职业状况以及其他影响子辈收入的因素影响的路径之和。

8.4　代际收入传递机制分解结果分析

8.4.1　代际收入传递机制分解结果

使用基于永久性收入的代际收入传递机制分解方法的结果如表 8－3 所示，

表中数据表示相应的传递路径对代际收入传递的贡献率大小，而比例表示各传递路径的贡献率占所有传递路径的贡献率（即代际收入弹性）的百分比。对各传递路径的解释如下：

第一，$Edu_f \sim Edu_c$表示父辈受教育程度对子辈受教育程度的影响，$Edu_f \sim Mig_c$表示父辈受教育程度对子辈水平流动的影响，$Edu_f \sim Occ_c$表示父辈受教育程度对子辈职业状况的影响，$Edu_f \sim V_c$表示父辈受教育程度对其他影响子辈收入因素的影响。Edu_f之和表示父辈的受教育程度对子辈受教育程度、水平流动、职业状况以及其他收入影响因素的影响之和，即为教育对代际收入传递机制的总影响程度。

第二，$Mig_f \sim Edu_c$表示父辈的水平流动对子辈受教育程度的影响，$Mig_f \sim Mig_c$表示父辈的水平流动对子辈水平流动的影响，$Mig_f \sim Occ_c$表示父辈的水平流动对子辈职业状况的影响，$Mig_f \sim V_c$表示父辈的水平流动对其他影响子辈收入因素的影响。Mig_f之和表示父辈的水平流动对子辈受教育程度、水平流动、职业状况以及其他收入影响因素的影响之和，即为水平流动对代际收入传递机制的总影响程度。

第三，$Occ_f \sim Edu_c$表示父辈的职业状况对子辈受教育程度的影响，$Occ_f \sim Mig_c$表示父辈的职业状况对子辈水平流动的影响，$Occ_f \sim Occ_c$表示父辈的职业状况对子辈职业状况的影响，$Occ_f \sim V_c$表示父辈的职业状况对其他影响子辈收入因素的影响。Occ_f之和表示父辈的职业状况对子辈受教育程度、水平流动、职业状况以及其他收入影响因素的影响之和，即为职业对代际收入传递机制的总影响程度。

表 8-3　　代际收入传递机制分解结果

传递路径	总体	城镇	农村
$Edu_f \sim Edu_c$	0.1773	0.1639	0.1209
比例	65.83%	52.83%	51.93%
$Edu_f \sim Mig_c$	-0.0246	0.0003	-0.0063
比例	-9.14%	0.09%	-2.71%
$Edu_f \sim Occ_c$	0.0105	0.0308	0.0030
比例	3.89%	9.91%	1.28%
$Edu_f \sim V_c$	0.0695	0.0060	0.0985
比例	25.80%	1.95%	42.31%
$Mig_f \sim Edu_c$	-0.0264	-0.0333	-0.0535

续表

传递路径	总体	城镇	农村
比例	-9.82%	-10.74%	-22.96%
$Mig_f \sim Mig_c$	0.0231	0.0014	0.0780
比例	8.58%	0.45%	33.50%
$Mig_f \sim Occ_c$	-0.0011	-0.0002	-0.0009
比例	-0.42%	-0.07%	-0.40%
$Mig_f \sim V_c$	-0.0301	0.0029	-0.1392
比例	-11.19%	0.93%	-59.80%
$Occ_f \sim Edu_c$	0.0591	0.0647	0.0409
比例	21.93%	20.85%	17.55%
$Occ_f \sim Mig_c$	-0.0589	0.0006	0.0019
比例	-21.87%	0.19%	0.81%
$Occ_f \sim Occ_c$	0.0149	0.0310	0.0087
比例	5.54%	9.99%	3.73%
$Occ_f \sim V_c$	0.0562	0.0422	0.0809
比例	20.87%	13.61%	34.76%
Edu_f之和	0.2326	0.2010	0.2161
比例	86.38%	64.79%	92.80%
Mig_f之和	-0.0346	-0.0293	-0.1156
比例	-12.84%	-9.43%	-49.66%
Occ_f之和	0.0713	0.1385	0.1324
比例	26.46%	44.64%	56.85%
三者之和	0.2693	0.3103	0.2328

8.4.2 全样本中的代际收入传递机制分析

全样本中代际收入弹性为0.2693，各传递路径贡献率的差异如图8-3所示。全样本中，教育路径是代际收入传递的主要路径，其贡献率高达0.2326，它解释了86.38%的代际收入弹性；其次是职业，其贡献率为0.0713，解释了26.46%的代际收入弹性；而水平流动降低了代际收入弹性，它的贡献率为-0.0346，贡献比例为-12.84%。这说明受教育程度和职业阶层的上升，增强了代际收入传承性，而水平流动则会降低代际收入传承性，增强代际收入流动性。

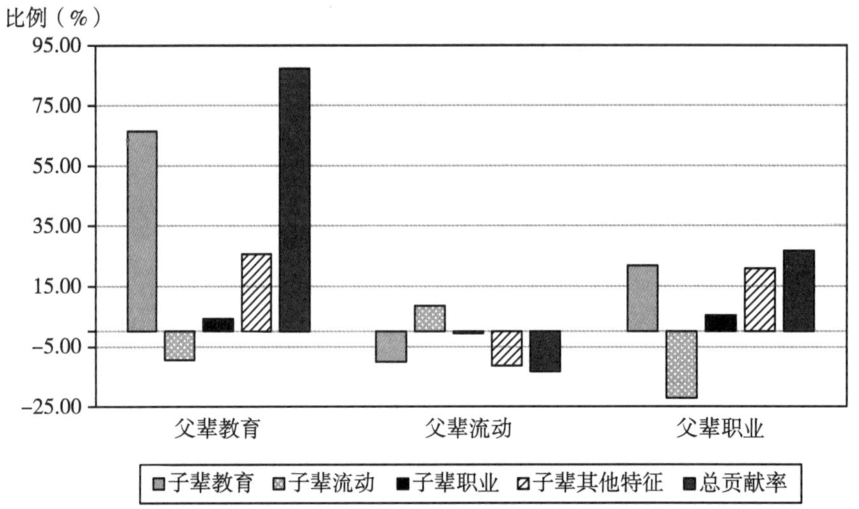

图 8-3　三种代际收入传递路径的贡献率

与水平流动和职业状况相比，教育对代际收入传递的影响最大，且能显著提高代际收入弹性。而教育这一因素的作用机制，对代际收入传递的主要影响途径是通过父辈受教育水平对子辈受教育水平的影响而实现的，父辈受教育年限对子辈受教育年限影响的贡献率在 12 条传递路径中最大，它解释了 65.83% 的代际收入弹性，贡献率达到 0.1773。这种情况产生的原因可能是，随着父辈自身受教育水平的提高，家庭对子辈教育方面的投资会增加，子辈人力资本的大幅度提高促进了其收入水平的大幅提高，教育对代际收入传承的贡献超过了其他因素的影响。教育对子辈水平流动影响的贡献率为 -0.0246，说明随着父辈受教育年限的增加，子辈发生水平流动的可能性降低，阶层固化的现象更为明显，代际收入流动性降低。父辈教育对子辈职业影响的贡献率较小，仅为 0.0105，说明子辈职业直接受到父辈教育水平的影响较低。

在劳动力水平流动方面，其对代际收入传递的贡献率为负数，说明水平流动会降低代际收入弹性以及代际收入传递的传承性，从而增强了代际收入流动性。在水平流动对代际收入传递的 4 条影响路径中，除了父辈流动对子辈流动影响的贡献率为正数以外，其他 3 条影响路径的贡献率均为负数。父辈水平流动对子辈水平流动影响的贡献率为 0.0231，它解释了 8.58% 的代际收入弹性，父辈的水平流动促进了子辈的水平流动，有利于父辈和子辈收入的提高，增强了代际收入的传承性；此外，父辈不流动家庭中的子辈不流动的可能性更高，即使发生流动，子辈往往会选择流动到父辈的工作地，阶层固化的可能更大。水平流动对子辈受教育年限的贡献率为 -0.0264，与未发生水平流动的父辈相比，发生水平流动的父辈对其子辈教育投资可能会相对较少，可能由于在外务工而对子辈教育出现疏忽或者无暇顾及，不利于教育发挥出对子辈收入提高的促进作用。父辈外出务工产生的水平流动有利于父辈收入的提高，而在父辈外出的家庭中受教育年限较低的子辈收入水平较低，导致代际收入传承性降低。而水平流动对子辈职业影响的贡献率在所有路径中仅占 -0.42%，贡献率为 -0.0011，发生水平流动的父辈给子辈在来源地留下的社会资本较少，不利于子辈职业阶层的上升，加大了代际收入差距，从而降低了代际收入传承性。

职业状况对代际收入传递的总贡献率为 0.0713，解释了 26.46% 的代际收入弹性。职业代际收入传递的正向贡献可以理解为，父辈职业阶层越高时，其社会资本的关系网络也往往存在于较高的职业阶层，对子辈社会资本的投入水平也越高，子辈处于较高职业阶层的可能性更大，阶层固化现象越明显，代际收入流动性越低。在我国社会的现实表现是，在城乡二元劳动力市场环境下，居民职业受到家庭社会资本的影响较大，特别在城镇家庭中，相较于农村父辈流入城市大多数处于非正规就业，城镇家庭子辈更容易从父辈的高职业阶层中获得社会资源和人力资本投资，从而提高自身收入，增强了代际收入的传承性。在职业的各传递路径中，职业状况对代际收入传递的影响主要是通过影响子辈受教育年限而实现，其贡献率为 0.0591，在 12 条路径中占 21.93%，职业阶层越高的父辈，可能越注重子辈人力资本的投入，有利于子辈受教育年限的提高，职业阶层和受教育年限的增加都有利于收入的增加，从而提高了代际收入传承性。父辈职业对子辈水平流动影响的贡献率为 -0.0589，在所有降低代际收入弹性的路径中，贡献率最大，父辈职业阶层越高，子辈发生水平流动的可能性越低，未发生水平流动子辈的收入更低，可能导致代际收入传承性的降低。就父辈职业对子辈职业的影响而言，父辈职业阶层对子辈职业阶层影响的贡献率为 0.0149，它解释了 5.54% 的代际收入弹性，这可能是因为职业阶层高的父辈对子辈社会资本的投入越大，“子承父业”的现象更为明显；此外，父辈职业阶层越高，子辈职业阶层向上流动的机会越小，所以代际收入流动性更低。

总体而言，在代际收入传递的所有路径中，贡献度最大的是父辈教育水平，其次是父辈职业，两者都能显著提高代际收入弹性；劳动力水平流动的贡献程度比教育和职业小，但其能促进代际收入流动性的增强。在三条主路径中，父辈教育对子辈教育的贡献度最高，其次是父辈职业对子辈教育和水平流动有关的路径中。除了父辈流动会提高子辈流动外，其他流动路径对代际收入弹性的贡献均为负，可以提高代际收入流动水平。

8.4.3 城乡代际收入传递路径的比较分析

各传递路径贡献率的城乡差异如图 8－4 所示。城镇居民的代际收入弹性为 0.3103，而农村居民的代际收入弹性为 0.2328，说明城镇居民的代际收入传承性要高于农村居民，而农村居民的代际收入流动性更高，与农村居民相比，城镇居民阶层固化现象更明显。与全样本相似，无论在城镇还是农村，教育都是代际收入传递的主要路径，职业状况其次，水平流动对代际收入传递的贡献率都为负数，这说明我国居民代际收入传递机制比较稳定，城乡间的差异主要体现在不同传递路径的影响程度上。

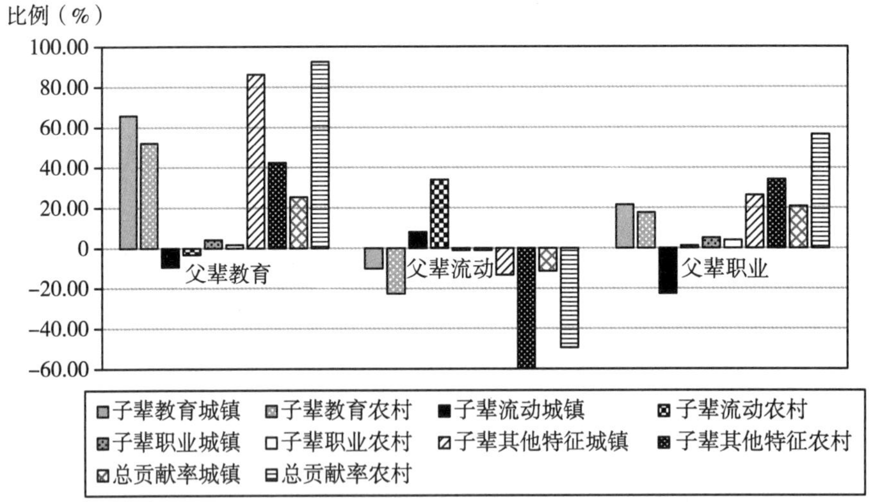

图 8－4 城乡三种代际收入传递路径贡献率的比较

就教育而言，城镇居民受教育年限对代际收入传递的总贡献率为 0.2010，解释了 64.79% 的城镇代际收入弹性，农村居民受教育年限对收入代际传递的总贡献率为 0.2161，略高于城镇居民，但它解释了 92.80% 的农村代际收入弹性。无论在城镇地区还是农村地区，教育这一作用机制，对代际收入传递的影响主要是通过影响子辈受教育年限而实现的，这与全样本相似。考察城乡间的差异可以发现，城镇居民中教育对子辈水平流动的影响与农村居民存在明显差异。农村父辈受教育年限对子辈水平流动影响的贡献率为 -0.0063，尽管贡献率更小，与全样本相似之处在于，这条路径降低了代际收入传承性；而城镇父辈受教育年限对子辈水平流动影响的贡献率为 0.0003，虽然只解释了 0.09% 的代际收入弹性，但是与农村地区相比，这条路径并未降低代际收入传承性，可能的原因是，与农村样本和全样本相比，城镇中发生水平流动的子辈较少，父辈受教育年限的提高不会明显降低子辈水平流动的可能性。在父辈教育对子辈职业状况影响的贡献率方面，城镇地区的贡献率为 0.0308 明显高于农村地区的 0.0030，相较于农村父辈，城市父辈的受教育年限更高，对子辈社会资本的投资更大，从而对子辈职业的影响相对比农村家庭更多，能给子辈带来更高的经济收入，因此其代际收入传承性更高。在教育传递路径中，农村父辈教育对其他因素的影响达到 0.0985，能解释代际收入弹性的 42.31%，这个贡献率超过了农村父辈教育对子辈流动和职业的影响，说明教育对其他因素的影响不容忽视，农村父辈教育水平的提高对子辈诸如健康、福利保障水平的提高有较好的作用。

水平流动对农村居民代际收入传递的影响要更大，它解释了农村代际收入弹性的 -49.66%，而对城镇居民来说，它只解释了代际收入弹性的 -9.43%。可能的原因在于，农村居民发生水平流动的比例更高，水平流动使得农村居民的代际收入弹性明显低于城镇居民，增加了农村居民的代际收入流动性。就水平流动对教育影响这条路径而言，与未发生水平流动的农村父辈相比，发生水平流动的农村父辈对子辈的教育投资更少，代际收入传承性降低；而分析城乡差异，农村贡献率的绝对值要高于城镇，这可能是因为城镇中父辈发生流动的比例较低，且城镇父辈对子辈教育的投资要高于农村父辈对子辈教育的投资。城镇父辈水平流动对子辈水平流动影响的贡献率仅为 0.0014，而农村父辈水平流动对子辈水平流动影响的贡献率为 0.0780，在农村代际收入传递的 12 条路径中占 33.50%，说明发生了水平流动的农村父辈，其子辈也更容易发生水平流动，进而实现收入的提高，增加了代际收入传递性。与全样本相似，城乡父辈水平流动对子辈职业状况影响的贡献率对代际收入弹性的解释均为 -1%—0，农村（绝对值）略高于城镇。父辈的水平流动不利于子辈职业阶层上升，在农村地区，发生水平流动的父辈对子辈社会资本的投入较少，流动父辈的社会资本对未流动子辈影响较小；而在城镇地区，职业阶层越高的父辈更不容易发生水平流动，对子辈社会资本的投入也更多，子辈职业阶层上升的可能性更大，因此父辈流动对子辈职业影响的贡献率为负。从贡献度大小可以看出，父辈水平流动主要影响了子辈的教育和水平流动，对子辈职业的影响较小并不是主要路径，但不可忽视的是，农村父辈水平流动对其他因素的影响达到 -59.8%，说明父辈流动对除子辈教育、流动外，对子辈其他方面，诸如子辈的健康、福利保障水平等，这些因素共同促进了子辈收入的大幅提高，从而增强了农村家庭的代际收入流动性。

对比城镇和农村中职业状况对代际收入传递的贡献率，农村的贡献率解释了 56.85% 的代际收入弹性，城镇的贡献率也解释了 44.64% 的代际收入弹性，均高于全样本。在职业传递路径中，不考虑其他因素时，城乡均是父辈职业对子辈教育的贡献率最大，分别解释了代际收入弹性的 20.85% 和 17.55%；其次是父辈职业对子辈职业，城乡差异较大，城镇和农村的贡献率分别解释了代际收入弹性的 9.99% 和 3.73%，城镇父辈职业对子辈的影响显著高于农村；城乡父辈职业对子辈迁移的影响均较小，只分别解释了代际收入弹性的 0.19% 和 0.81%，农村家庭略高于城镇；但在农村家庭中，父辈职业对子辈其他因素的影响较大，解释了 34.76% 的代际收入弹性，农村父辈职业影响的传递途径除对子辈教育、职业和水平流动外，对其他因素的传递途径也需要关注。

整体上看，城镇家庭父辈职业对代际收入传递的贡献低于农村地区，可能原因是，农村家庭父辈水平流动显著降低了代际收入弹性，使农村家庭中职业对代际收入传递的贡献比更高。具体分析每条路径，城镇家庭和农村家庭父辈职业对代际收入传递的影响主要是通过影响子辈受教育年限而实现的，父辈职业阶层越高，其收入往往也越高，对子辈的教育投资也更多，有利于子辈职业阶层和收入的提高，从而增加代际收入传承性。其中城乡差异在于城镇父辈职业的贡献率更高，可能是因为城镇父辈对子辈的教育投入更多，且城镇子辈的受教育年限高于农村子辈。父辈职业对子辈水平流动影响的路径对代际收入弹性的贡献率较低，父辈职业阶层越高，其收入也越高，子辈发生流动且收入提高的可能性更大，体现了代际收入传承性，而农村和城镇贡献率均较低的原因可能是农村父辈的职业阶层较低而城镇子辈发生水平流动的概率较低。城镇父辈职业对子辈职业影响的贡献率高于农村，说明城镇地区“子承父业”的现象更为明显。

第 9 章　主要结论和对策建议

9.1　主要结论

本书在劳动力流动视角下，使用 CHIP2013 数据分析了城镇居民、农村居民和外出务工居民的代际收入流动状况，并通过将外出务工人口还原到原户籍地的还原人口分组方法，重新测算了城乡居民代际收入弹性。在此基础上，从劳动力的水平流动和垂直流动两个方面，全面分析劳动力流动对城乡代际收入传递的影响，并从水平流动、垂直流动和教育三个主要因素对代际收入传递路径进行分解，测算了各条路径对代际收入传递的贡献程度。所得到的具体结论如下：

第一，在城乡居民代际收入现状方面，城镇父辈平均收入最高为 38024 元/年，其次是外来务工人员平均为 28977 元/年，农村父辈平均收入最低为 24381 元/年。子辈收入与父辈不同，最高的是城镇子辈平均为 31764 元/年，其次是农村子辈平均收入为 27060 元/年，外来务工子辈平均收入最低为 26559 元/年，子辈收入的城乡差距小于父辈收入的城乡差距。在职业阶层方面，所有子辈平均职业阶层都略高于父辈，父辈子辈职业阶层平均值中最高的均是城镇居民，其次是外来务工和农村居民，其中外来务工子辈和城镇子辈职业阶层平均值非常接近仅相差 0.2，反映出子辈就业状况相对父辈都有提升，且子辈间的差距比父辈小。在受教育水平上，子辈平均受教育年限达到 11.39 年，比父辈高出 2.5 年，最高的依旧是城镇居民，其次是外来务工和农村居民，城乡居民代际受教育水平差距在变大，城乡父辈平均受教育年限差值为 1.96 年，而子辈差值上升到 2.64 年。

第二，分阶层来看城镇代际收入情况，在从低到高的 5 个收入阶层中，城乡居民阶层内的收入差距随着阶层的提高先下降后上升，第 5（最高）收入阶层内部的收入波动最大，其次是第1（最低）收入阶层，第4收入阶层内部收入差距波动最小，阶层间收入差距的波动随着阶层的上升呈现出“U形”的变化趋势。父辈与子辈、城镇、外来务工和农村居民的变化趋势均相同，但按照波动幅度大小（变异系数）依次是城镇、农村和外来务工，反映出城镇各收入阶层内部收入波动最大。从年龄上看，25岁及以下子辈及其对应的父辈在各收入阶层的波动幅度均小于25岁以上子辈及其对应的父辈，反映出随着年龄的增加，代际收入波动的幅度加大。分阶层的子辈父辈收入比则呈现出较大差异，农村子辈在最低收入阶层时子辈父辈收入比高达1.56，之后随着父辈收入阶层的上升子辈父辈收入比直线下降，到第5阶层时，子辈父辈收入比仅为0.96。城镇子辈父辈收入比则表现出先上升后下降的趋势，第2阶层子辈父辈收入比最高为0.85，第5阶层子辈父辈收入比最低仅为0.78。而外来务工子辈父辈收入比随阶层变化的波动较大，其中最大的是第二阶层的1.08，最小的是第三阶层的0.89。城乡代际收入比的阶层变化中，所有子辈在父辈位于最高收入阶层时平均收入都没有超过父辈，说明随着父辈收入达到一定高水平时，代际收入流动性较低，代际收入传承现象明显。农村最低收入阶层子辈代际收入向上流动的幅度最大，但子辈收入向上流动的难度随着父辈收入阶层的提高而增大；外来务工子辈在最低收入和中低收入阶层中收入超过父辈，但之后随着父辈收入阶层的提高子辈收入均难以超过父辈。城镇子辈平均收入在所有阶层均没有超过父辈，代际收入流动性低于外来务工和农村子辈。

第三，使用工具变量法估算父辈永久性收入，在此基础上测算城乡居民代际收入弹性，结果显示城镇居民代际收入弹性为0.39，远高于农村居民的0.21，反映出城镇居民代际收入传承度高，代际收入流动性较低。进一步通过还原人口分组的方法，将外来务工样本根据其户籍性质进行城乡还原，99%的外来务工样本还原到农村分组中，重新估算的结果显示新的农村代际收入弹性有小幅度提高，城乡居民代际收入弹性差距略微缩小，说明在考虑劳动力流动的因素下，城乡居民实际的代际收入传递差异会减小，忽视流动人口会使得差异被高估。不同收入阶层的代际收入弹性存在较大差异，城镇各个阶层的代际收入弹性均高于农村，且随着收入阶层的提升，城乡代际收入弹性均呈现先下降后上升的变化，其中最高的是第5阶层，此阶层中城镇代际收入弹性高达0.53；代际收入弹性最低的是第4阶层，此阶层中农村代际收入弹性最低仅为0.11；最低收入阶层也表现出较高的代际收入传承性，城镇达到0.51，农村达到0.33。

从代际收入弹性的变化来看，处于收入分配两端家庭的代际收入弹性均较大，最低收入阶层家庭的高代际收入弹性不利于子辈改变家庭贫困现状，而最高收入阶层家庭的高代际收入弹性容易出现阶层固化不利于其他收入家庭子辈的向上流动。

第四，在代际收入流动性上，当父辈处于最低收入阶层时，农村子辈收入向上流动的比例最大达到 68%，其次是城镇子辈比例为 55%，外来务工子辈最低为 50%。当父辈处于最高收入阶层时，城镇子辈向下流动的概率最低为 51%，其次是外来务工子辈为 59%，农村子辈最高为 64%。随着父辈收入阶层的提升，城镇和农村子辈收入流向最低阶层的比例均逐渐下降，且流向最高阶层的比例逐渐增加，但这两个变化趋势在外来务工样本中并未明显表现出来。在分年龄段中，25 岁及以下外来务工子辈收入向上流动比例最高，一定程度上反映出外来务工家庭子辈外出务工时拥有“年龄优势”，较早通过打工实现收入增长，但在 25 岁以上外来务工子辈中收入向上流动面临较大阻碍，可能的原因在于进入社会工作时间较长后，外来务工子辈受到教育水平等因素限制，年龄优势不再明显，其收入继续增加难度较大。

通过构建代际收入流动矩阵计算代际收入指数（包括代际收入传承指数和代际收入流动指数），结果显示不管是城镇家庭、农村家庭还是外来务工家庭，各收入阶层的代际收入变动主要以代际收入传承性为首，处于最低和最高收入阶层的家庭表现出较高的代际收入传承性，而中间收入阶层的代际收入流动性更高。城镇家庭的传承性最高，其次是外来务工家庭，农村家庭的代际收入传承性相对较弱。代际收入流动性主要体现在中间收入阶层的家庭中，其中最高的是外来务工家庭，反映出劳动力流动对收入流动性有一定的带动作用。

第五，在代际职业流动上，通过构建代际职业流动矩阵计算代际职业指数（包括代际职业传承指数和代际职业流动指数），结果显示在城镇、农村和外来务工样本中，各个职业阶层均表现出较强的代际传承性，职业阶层固化比收入阶层固化现象更突出，其中最高职业阶层的代际传承性最高，其次是从事农业的阶层，反映出高职业阶层的高进入壁垒和低职业阶层的高流出壁垒，最低职业阶层和最高职业阶层“子承父业”的社会现象较为突出。各群体中代际职业流动性都不高，社会各阶层的开放性较低，而父辈职业阶层越低，代际职业流动性越弱，各职业阶层之间的流动面临更大的阻碍。尤其在外来务工家庭中，父辈务农的子辈流入高职业阶层面临的阻碍最大，间接反映出农村父辈不流动不利于其外出务工子辈职业阶层的提升，这种情况下子辈外出务工几乎不能得到父辈的社会资本支持。从年龄上看，年轻子辈在职业生涯的初期更有可能打破代际职业传承，向上流动到其他职业；然而随着年龄的增加，父辈的社会资本积累、对子辈专业化的人力资本投资等因素逐渐凸显，会对子辈的终身职业产生重要影响。

第六，基于还原城乡样本，分析劳动力水平流动即劳动力外出务工对代际收入传递的影响，结果发现父辈发生水平流动时，代际收入弹性低于父辈未发生水平，城镇和农村均表现出此规律。在父辈不流动的情况下，农村子辈发生流动能显著提高其收入水平，且能降低代际收入弹性；在父辈流动的情况下，农村子辈流动对其收入的改善作用不再显著，而会通过父亲的党员身份这种社会资本因素表现出对子辈收入提高的促进作用。在城镇家庭中，父辈流动和子辈流动对子辈收入以及代际收入弹性的影响并不显著，一方面可能因为城镇父辈发生水平流动的样本量较少，另一方面也反映出城镇父辈流动这一现象并不常见，导致城镇子辈与父辈在同一城市就业的概率较高，从而表现出较高的代际收入传承性。在其他因素方面，拥有劳动福利保险、医疗保险能促进子辈收入的提高，子辈中儿子的收入情况好于女儿。教育对子辈收入也有正向影响，但当父辈流动时会削弱子辈教育对其收入的作用。

第七，劳动力垂直流动即代际职业流动对代际收入传递的影响中，当子辈和父辈处于同一职业阶层时，代际职业传承不利于子辈收入的提高，因此会增加代际收入传承性。考虑劳动力垂直流动因素后，城乡代际收入弹性出现下降，但城镇家庭的代际收入弹性仍然显著高于农村。进一步来看，当子辈职业向上流动时，能显著促进农村子辈收入的提高，从而增强农村代际收入流动性，这种现象在城镇样本中没有表现出来。当子辈职业向下流动时，不利于城镇和农村子辈收入的提高，从而增强了城乡代际收入传承性，子辈收入难以超过父辈，这种作用在城镇子辈中的表现强度高于农村。在其他因素方面，子辈中儿子的收入情况依旧好于女儿，拥有劳保福利对收入的促进作用显著，医疗保险对提高城镇子辈收入作用显著，而教育对促进农村子辈收入作用较好，农村父辈的党员身份也能为子辈提供较好的社会资本从而促进子辈收入的提高。

第八，将劳动力水平流动和垂直流动共同考虑时，劳动力的水平流动能有效促进城乡子辈收入的提高，降低代际收入的传承水平；劳动力的垂直流动中“子承父业”不利于子辈收入的提升，会降低代际收入流动性。劳动力水平流动对代际收入传递的影响，在农村居民中表现得更为突出，而劳动力垂直流动对代际收入传递的影响则在城镇居民中作用更强。不同收入阶层人群中，劳动力的水平流动和垂直流动对代际收入影响差异较大。其中，劳动力水平流动对农村中等收入家庭作用最大，而对城镇中等收入家庭作用不显著。城镇中间收入家庭外出务工对其收入的改善作用不明显，但会通过代际职业传递来促进其收入的提高，增强了代际收入传承水平。劳动力的垂直流动中，代际职业传承对代际收入传承的影响在城乡中间收入家庭中表现显著。从影响程度来看，劳动力的水平流动和垂直流动对代际收入弹性的作用随着城乡家庭收入阶层的提高而减弱。

第九，进一步将代际收入传递分解为从父辈教育、水平流动、职业到子辈教育、水平流动、职业和其他因素的 12 条途径，通过基于永久性收入的代际收入传递机制分解法对代际收入弹性进行分解来测算每条影响途径的贡献率。结果显示，所有途径中，教育和职业的总贡献率为正，劳动力水平流动为负，表明受教育程度和职业阶层的上升会增强代际收入传承性，而水平流动会增强代际收入流动性。从各途径的贡献率大小来看，最大是教育路径，其次是职业和水平流动。其中父辈教育对子辈教育的贡献率最大，反映出教育机制是影响代际收入传递的最大因素。而在和水平流动有关的因素中，除了父辈流动会提高子辈流动从而增加代际收入弹性，其他与水平流动有关的路径对代际收入弹性的贡献均为负，可以提高代际收入流动性。城乡差异上，农村父辈流动的总贡献率远高于城镇家庭，反映出农村父辈流动对代际收入流动性的促进作用远高于城镇。城镇家庭父辈职业对代际收入传递的贡献低于农村地区，可能原因是，农村家庭父辈水平流动显著降低了代际收入弹性，使农村家庭中职业对代际收入传递的贡献比更高。

9.2 对策建议

结合本书的主要研究结论，教育、流动、职业是代际收入传递的主要途径，就业中的劳保福利也能有效促进子辈收入的提高，位于收入分配底端的家庭容易陷入代际贫困陷阱，而位于收入分配顶端家庭的高职业代际传承性使得其他家庭子辈难以进入高阶层出现阶层固化的现象，农村父辈子辈的水平流动可以较好地促进代际收入的流动，有利于社会公平。基于此，本书提出以下对策建议：

第一，进一步完善户籍制度和相应配套制度改革，推动农村劳动力自由流动，有效促进农业转移人口市民化。2018 年《国民经济和社会发展统计公报》显示，2018 年底我国常住人口城镇化率为 59.58%，户籍人口城镇化率为 43.37%，流动人口规模达到 2.41 亿人，且户籍人口城镇化率年提高比率不及常住人口城镇化率。虽然许多大城市已经逐步放宽落户限制，中小城市的落户门槛也逐渐取消，但落户政策的执行和实施还有待进一步监督和完善，保障落户通道的畅通，有序推进在城镇稳定就业的农业转移人口的落户进展。同时，在农业转移人口市民化过程中，从退出机制和进入机制两端共同完善配套政策体系。在农业退出机制上，保障农民退出土地的合法补偿，明晰农民对宅基地和承包地的有效权益以便农民进行市场流转和抵押。此外，在农民退出土地之前，需要核实家庭实际情况，在“精准扶贫”政策支持下，对于不具备退出条件的农民予以劝说和其他政策帮扶。在城镇进入机制上，在落户之前，应加快推进以居住证制度为基础的城镇基本公共服务机制，首先推进城镇基本公共服务对常住人口的覆盖面并提升服务质量，包括基本医疗服务和住房服务等多方面，逐步消除二元经济结构中的城乡基本公共服务差异，使农业转移人口能就近获得高效、便捷的基本公共服务。户籍制度和相应配套制度的逐步改革完善，能为农村劳动力进城务工提供基础性保障，促进其流动的积极性和稳定性，为其收入水平的提高提供政策支持。

第二，建立城乡平等的就业制度和一体化劳动力市场，加强对农业转移人口的就业信息和培训服务，落实就业人员的劳动保障。2018 年底，我国农民工总量达到 2.88 亿人，其中外出农民工为 1.72 亿人，本地农民工 1.16 亿人，大规模农民工的就业质量值得关注。从基本就业制度上，应消除城乡劳动力就业的待遇差异，实现城乡劳动力就业同工同酬，同时继续完善最低工资制度，根据各地经济发展水平及时调整最低工资标准，实现就业人口的最低保障水平。从基本就业服务上，各地公共就业机构应普遍向农民工开放，尽可能使其成为引导农民工就业的主要渠道，免费为其提供就业信息和职业介绍等基本服务。政府就业机构加强与社会就业机构的合作以及监督管理，为待就业人员提供高效便捷的正规就业渠道。从就业培训服务上，政府部门应加大对职业教育和农民工职业技能的投入力度，健全职业教育和职业技能培训体系，大幅度提高待就业人口职业技能和熟练型农民工的比重，从提升技能的根本上促进就业。此外，对于城镇所有就业人员来说，拥有劳保福利，包括工伤保险、失业保险等在内的就业保障，能显著提高其就业收入，因此，要大力以劳动法约束和监督落实企业为就业人员提供就业保障。对于低收入阶层就业人员的就业福利保障有助于其跳出“贫困陷阱”，而对于高收入阶层就业人员则需要规范秩序打破垄断，促进代际职业的流动性从而推进代际收入流动。

第三，加大农村教育和农业转移人口随迁子女教育投入，缩小城乡教育差距，促进教育服务的公平性。通过本书研究发现，教育对代际收入传递的贡献率最高，尤其对于农村家庭子女，教育对其收入的促进作用比城镇更为突出。因此，对于农村家庭和城镇贫困家庭，政府应大力推进义务教育的落实，同时建立更加完善的教育帮扶制度，引入社会资源和公益组织力量共同营造促进贫困家庭子女入学的公平环境和贷款资助体系，减少因“教育贫困”带来的代际贫困传递。在大规模农业转移人口进城务工的城镇化进程中，对其随迁子女的教育权利保障也是促进教育公平的基本性保障，从而提高随迁子女对城镇的适应性，促进代际融入和城市融合。首先从根本上保障随迁子女的教育经费投入，使其在流入地能公平接受基本教育；其次完成随迁子女教育运行和发展机制，改善流入地随迁子女入学条件和师资水平，通过公立和民办学校师资流动等方法缩小随迁子女教育水平与当地户籍人口子女的差距。通过对基础教育水平的改善，为城乡居民特别是农民工子女的人力资本投资提供了相对公平的外部环境，为其在起点公平营造了一定条件，为其日后实现个人收入的提高创造了较好的基础，打破代际收入传承固化状况。

9.3 研究展望

本书从劳动力流动方面分析我国城乡居民代际收入传递现状及影响路径，试图阐述我国城乡居民代际流动现状及劳动力流动等因素对代际收入传递的具体贡献率，但受到作者研究水平以及数据、时间等因素的限制，仍存在一些不足之处和有待解决的问题。

第一，本书曾考虑过使用CHNS（中国健康与营养调查）、CFPS（中国家庭追踪调查）、CLDS（中国劳动力动态调查）等追踪调查数据来衡量代际收入传递的连续变化情况，但由于上述数据库较多年份不能同时获得同一家庭父辈和子辈的收入，借助双样本匹配法可能会出现较大误差，所以最后选择了 CHIP（中国家庭收入调查）公布的最近一次 2013 年的数据。因研究时间问题，本书只选取了 2013 年的截面数据，在今后的研究中将会加入其他年份数据，减小代际收入弹性的测量误差。

第二，对于劳动力的垂直流动，本书主要考虑的是代际间的垂直流动即代际职业流动，这一概念与劳动力的水平流动衡量标准存在差异。在今后的研究中，将会进一步考虑劳动力的代际水平流动，以及劳动力个体的职业阶层变化情况，能更好地衡量劳动力流动对代际收入传递的影响。

第三，从分析的细致性上，本书对于父辈主要根据大部分已有研究选择了家庭中的父亲，对于样本中子辈对应的母亲的情况没有同时分析，在后续研究中可以进一步分析父亲和母亲对子辈收入的不同影响。此外，对于分析尺度的选择，本书主要从样本的户籍属性即城镇、农村和外来务工进行了区分，在全国层面上进行研究，后续研究中将加入区域因素深入分析劳动力流动与代际收入传递的区域差异。

参考文献

[1] 卜民. 农村人口迁移与代际收入流动 [J]. 当代经济, 2018 (23): 108 - 111.

[2] 蔡昉, 王美艳. 为什么劳动力流动没有缩小城乡收入差距 [J]. 经济学动态, 2009 (08): 4 - 10.

[3] 蔡昉. 农村剩余劳动力流动的制度性障碍分析——解释流动与差距同时扩大的悖论 [J]. 经济学动态, 2005 (01): 35 - 39 + 112.

[4] 曹裕, 陈晓红, 马跃如. 城市化、城乡收入差距与经济增长——基于我国省级面板数据的实证研究 [J]. 统计研究, 2010 (3): 31 - 38.

[5] 曹皎皎. 新常态下我国城乡居民代际收入流动性分析 [J]. 商业经济研究, 2017 (02): 146 - 148.

[6] 陈斌开, 张鹏飞, 杨汝岱. 政府教育投入、人力资本投资与中国城乡收入差距 [J]. 管理世界, 2010 (01): 36 - 43.

[7] 陈杰, 周宁. 中国农村居民收入差距与代际传递效应 [J]. 湖南农业大学学报 (社会科学版), 2017, 18 (05): 1 - 10.

[8] 陈琳, 沈馨. 父代关系与代际收入流动: 基于教育和就业的视角 [J]. 南方经济, 2016 (05): 34 - 45.

[9] 陈琳. 促进代际收入流动: 我们需要怎样的公共教育——基于 CHNS 和 CFPS 数据的实证分析 [J]. 中南财经政法大学学报, 2015 (03): 27 - 33 + 159.

[10] 陈琳. 中国城镇代际收入弹性研究: 测量误差的纠正和收入影响的识别 [J]. 经济学 (季刊), 2016, 15 (01): 33 - 52.

[11] 陈旭峰. 农民工收入水平代际流动主观评价差异的影响因素研究——基于 504 份问卷数据的分析 [J]. 人口与发展, 2017, 23 (02): 14 - 21.

[12] 陈奕山, 钟甫宁. 代际差异、长期非农收入与耕地转出稳定性 [J]. 南京农业大学学报 (社会科学版), 2017, 17 (03): 112 - 120 + 159.

[13] 陈钊，陆铭，佐藤宏. 谁进入了高收入行业？——关系、户籍与生产率的作用 [J]. 经济研究，2009，44（10）：121－132.

[14] 陈宗胜，周云波. 城镇居民收入差别及制约其变动的某些因素——就天津市城镇居民家户特征的影响进行的一些讨论 [J]. 经济学（季刊），2002（02）：563－574.

[15] 陈光普. 中国劳动力流动与城乡收入差距研究 [D]. 中国社会科学院研究生院，2012.

[16] 程小纯. 代际收入流动的社会经济学分析 [J]. 劳动保障世界，2015（S2）：157－159.

[17] 丁亭亭，王仕睿，于丽. 中国城镇代际收入流动实证研究——基于 Jorgenson－Fraumeni 未来终生收入的估算 [J]. 经济理论与经济管理，2016（07）：83－97.

[18] 丁雪儿，周毕芬. 农民工职业流动的代际差异及影响因素分析——基于福州、厦门、泉州的调查数据 [J]. 福建农林大学学报（哲学社会科学版），2017，20（02）：83－91.

[19] 董长瑞，王晓. 代际收入流动研究述评 [J]. 经济与管理评论，2013，29（02）：34－40.

[20] 都阳. 扩大就业与劳动力流动对收入分配形势变化的影响 [J]. 公共管理与政策评论，2013，2（02）：9－18.

[21] 杜妍冬，刘一伟. 职业流动对农民工收入的影响及其代际差异——基于我国七城市的调查数据 [J]. 南京农业大学学报（社会科学版），2015，15（04）：43－52＋132.

[22] 段平忠，刘传江. 人口流动对经济增长地区差距的影响 [J]. 中国软科学，2005（12）：99－110.

[23] 方鸣，应瑞瑶. 中国城乡居民的代际收入流动及分解 [J]. 中国人口·资源与环境，2010，20（05）：123－128.

[24] 方鸣. 中国城乡居民代际收入流动性研究 [D]. 南京农业大学，2010.

[25] 高文书. 农村劳动力流动与中国城乡收入差距统计问题研究 [J]. 中国社会科学院研究生院学报，2013（3）：47－52.

[26] 高艳云，王曦璟. 中国代际收入流动特点及变迁——基于收入分布分

解的视角［J］. 财经科学，2017（01）：83－92.

［27］谷敏. 论中国城镇居民收入代际流动的变动趋势［J］. 经济师，2011（11）：39－40.

［28］郭丛斌，丁小浩. 职业代际效应的劳动力市场分割与教育的作用［J］. 经济科学，2004（03）：74－82.

［29］郭丛斌，闵维方. 中国城镇居民教育与收入代际流动的关系研究［J］. 教育研究，2007（05）：3－14.

［30］郭丛斌，闵维方. 教育：创设合理的代际流动机制——结构方程模型在教育与代际流动关系研究中的应用［J］. 教育研究，2009，30（10）：5－12.

［31］韩军辉，龙志和. 基于多重计量偏误的农村代际收入流动分位回归研究［J］. 中国人口科学，2011（05）：26－35＋111.

［32］韩军辉. 机会不等与收入不均：城乡家庭收入的代际流动［J］. 华南农业大学学报（社会科学版），2010，9（03）：72－78＋142.

［33］韩军辉. 基于面板数据的代际收入流动研究［J］. 中南财经政法大学学报，2010（04）：21－25.

［34］郝枫，郭荷. 我国劳动力流动抑制代际传承的理论逻辑与经验检验［J］. 中央财经大学学报，2019（02）：85－97.

［35］何汇江. 城市低收入阶层代际传承与流动研究述评［J］. 中原工学院学报，2015，26（05）：50－53＋57.

［36］何勤英，李琴，李任玉. 代际收入流动性与子辈和父辈间收入地位差异——基于收入差异的视角［J］. 公共管理学报，2017，14（02）：122－131＋158.

［37］何珊珊. 农民工的家庭禀赋与收入代际流动的关系分析［J］. 湖北农业科学，2018，57（19）：117－120.

［38］侯新烁，杨汝岱. 政策偏向、人口流动与省域城乡收入差距——基于空间异质互动效应的研究［J］. 南开经济研究，2017（06）：59－74.

［39］侯瑜，谢佳松. 社会代际流动区域差异及影响因素实证研究：以中国东北为视角［J］. 西北人口，2018，39（03）：61－68＋75.

［40］侯玉娜，易全勇. 教育与代际收入流动关系（上）——基于理论视角的文献述评［J］. 教育学术月刊，2013（9）：3－12.

［41］侯玉娜，易全勇. 教育与代际收入流动关系（下）——基于研究方法与经验发现的文献述评［J］. 教育学术月刊，2013（10）：23－32.

[42] 胡志高，曹建华，龙慧．农村人力资本转移扩大了城乡收入差距吗——基于水平效应、自溢出效应和逆溢出效应视角的分析［J］．农业技术经济，2018（11）：30－43.

[43] 黄甜甜．收入差距代际传递影响因素的区域比较研究［J］．湖北经济学院学报（人文社会科学版），2018，15（12）：30－33.

[44] 李超，商玉萍，李芳芝．中国居民收入差距对代际收入流动的影响研究［J］．云南财经大学学报，2018，34（01）：32－46.

[45] 李力行，周广肃．家庭借贷约束、公共教育支出与社会流动性［J］．经济学（季刊），2015，14（01）：65－82.

[46] 李龙杰，李梦玲，李嘉楠．子代受教育程度与代际收入流动性——基于中国家庭居民收入的实证研究［J］．经济资料译丛，2018（01）：40－50.

[47] 李路路，朱斌．当代中国的代际流动模式及其变迁［J］．中国社会科学，2015（5）：41－59.

[48] 李任玉，杜在超，龚强，何勤英．经济增长、结构优化与中国代际收入流动［J］．经济学（季刊），2018，17（03）：995－1012.

[49] 李实，朱梦冰．中国经济转型40年中居民收入差距的变动［J］．管理世界，2018，34（12）：19－28.

[50] 李实，佐藤宏，史泰丽．中国收入差距变动分析——中国居民收入分配研究Ⅳ［M］．北京：人民出版社，2013.

[51] 李实，罗楚亮．中国城乡居民收入差距的重新估计［J］．北京大学学报（哲学社会科学版），2007（02）：111－120.

[52] 李实．中国个人收入分配研究回顾与展望［A］．经济学（季刊）第2卷第2期（总第6期）［C］．北京大学国家发展研究院，2003：1－29.

[53] 李实．中国农村劳动力流动与收入增长和分配［J］．中国社会科学，1999（02）：16－33.

[54] 李天舒，王广慧，封军丽，陈赵辉，蔡勇辉．代际职业流动及代际教育流动——对中国城乡家庭的比较研究［J］．统计与管理，2017（05）：48－53.

[55] 李小胜．中国城乡居民代际收入流动分析［J］．统计与信息论坛，2011，26（09）：48－54.

[56] 李勇辉，李小琴．人力资本投资、劳动力迁移与代际收入流动性

[J]. 云南财经大学学报，2016，32（05）：39－50.

[57] 李宾. 我国劳动力转移的“刘易斯拐点”到来了么？——基于城乡差距变化视角 [J]. 当代财经，2012（12）：28－36.

[58] 李煜. 代际流动的模式：理论理想型与中国现实 [J]. 社会，2009，29（06）：60－84＋223－224.

[59] 刘欢. 农村贫困的父辈代际传递与子辈户口迁移削弱效应研究 [J]. 中央财经大学学报，2017（06）：82－90.

[60] 刘小鸽，司海平，庞嘉伟. 地区代际流动与居民幸福感：基于代际教育流动性的考察 [J]. 世界经济，2018，41（09）：171－192.

[61] 刘小鸽，司海平. 计划生育与代际不平等传递——基于个体代际流动的微观视角 [J]. 经济评论，2017（05）：139－151.

[62] 刘一伟. 职业流动、人力资本对流动人口收入影响及其代际差异 [J]. 西北人口，2016，37（02）：29－34.

[63] 刘志国，范亚静. 教育与居民收入代际流动性的关系研究 [J]. 统计与决策，2014（22）：101－105.

[64] 卢盛峰，陈思霞，张东杰. 教育机会、人力资本积累与代际职业流动——基于岳父母/女婿配对数据的实证分析 [J]. 经济学动态，2015（2）：19－32.

[65] 卢现祥，尹玉琳. 代际职业流动的制度分析 [J]. 广东社会科学，2018（03）：185－198＋256.

[66] 陆铭. 劳动和人力资源经济学 [M]. 上海：上海人民出版社，2010.

[67] 陆铭，陈钊. 城市化、城市倾向的经济政策与城乡收入差距 [J]. 经济研究，2004（06）：50－58.

[68] 罗曼利. 中国城镇居民收入差距代际传递分析——基于职业流动的视角 [J]. 时代金融，2018（11）：247－249.

[69] 吕光明，李莹. 中国居民代际收入弹性的变异及影响研究 [J]. 厦门大学学报（哲学社会科学版），2017（03）：35－45.

[70] 吕鹏，范晓光. 中等收入群体的代际流动：户籍与教育的视角 [J]. 青海社会科学，2017（04）：133－140.

[71] 吕之望，李翔. 我国农村居民代际收入流动的性别差异 [J]. 金融评论，2017，9（02）：83－91＋126.

[72] 梅新想，刘渝琳．劳动力流动、农民人均工资性收入与城乡收入差距[J]．重庆大学学报（社会科学版），2016，22（04）：42－53.

[73] 群峰．基于分位数回归的面板数据模型估计方法［J]．理论新探，2011（1）：24－26.

[74] 阮杨，陆铭，陈钊．经济转型中的就业重构与收入分配［J]．管理世界，2002（11）：51－57＋78.

[75] 邵宜航，汪宇娟，刘雅南．劳动力流动与收入差距演变：基于我国城市的理论与实证［J]．经济学家，2016（01）：33－41.

[76] 宋建，王静．人口迁移、户籍城市化与城乡收入差距的动态收敛性分析——来自262个地级市的证据［J]．人口学刊，2018，40（05）：86－99.

[77] 孙三百，黄薇，洪俊杰．劳动力自由迁移为何如此重要？——基于代际收入流动的视角［J]．经济研究，2012，47（05）：147－159.

[78] 谭灵芝，孙奎立．民族地区代际收入流动及其影响因素——基于南疆地区的实证研究［J]．中国人口科学，2017（01）：102－114＋128.

[79] 汪小芹．中国社会代际流动趋势与结构分解［J]．经济学动态，2018（11）：59－73.

[80] 汪燕敏，金静．我国教育对代际收入流动的影响——基于代际数据的观察［J]．管理现代化，2013（03）：123－125.

[81] 汪燕敏，金静．中国劳动力市场代际收入流动研究［J]．经济经纬，2013（03）：96－100.

[82] 汪燕敏，钱珍．收入代际流动计量偏误的文献综述［J]．生产力研究，2009（21）：239－240.

[83] 汪燕敏．收入代际流动研究综述［J]．生产力研究，2008（20）：165－167.

[84] 王德文，蔡昉．中国农村劳动力流动与消除贫困［J]．中国劳动经济学，2006，3（03）：46－70.

[85] 王海港．中国居民收入分配的代际流动［J]．经济科学，2005（02）：18－25.

[86] 王璐．家庭子女数量与代际收入流动研究［J]．时代金融，2017（23）：300.

[87] 王美今，李仲达．中国居民收入代际流动性测度——“二代”现象经

济分析［J］. 中山大学学报（社会科学版），2012，52（01）：172－181.

［88］王美艳. 城市劳动力市场上的就业机会与工资差异——外来劳动力就业与报酬研究［J］. 中国社会科学，2005（05）：36－46＋205.

［89］王箐，徐滨昕. 流动人口收入代际差异的影响因素实证分析［J］. 商业时代，2014（29）：53－55.

［90］王少平，欧阳志刚. 我国城乡收入差距的度量及其对经济增长的效应［J］. 经济研究，2007（10）：45－56.

［91］王少国. 我国城乡居民收入差别测度指标评析及修正［J］. 山西财经大学学报，2006（01）：44－48.

［92］王婷，李科宏. 家庭背景对城镇居民收入差距的影响与贡献——基于代际流动模型的 Shapley 值分解［J］. 云南财经大学学报，2018，34（08）：40－53.

［93］王小鲁，樊纲. 中国收入差距的走势和影响因素分析［J］. 经济研究，2005（10）：24－36.

［94］王学龙，袁易明. 中国社会代际流动性之变迁：趋势与原因［J］. 经济研究，2015（9）：58－71.

［95］王子成，郭沐蓉. 农民工家庭收入和消费不平等：流动模式与代际差异［J］. 北京工商大学学报（社会科学版），2016，31（02）：21－29.

［96］魏颖，张春艳. 代际收入流动与收入不平等问题研究［J］. 中国社会科学院研究生院学报，2009（04）：97－102.

［97］吴奇峰，苏群. 行业垄断如何影响代际职业流动［J］. 山西财经大学学报，2017，39（10）：72－84.

［98］吴学榕，杨奇明，李德洗，赵哲. 农民工代际收入流动分析——基于劳务输出大省河南农民工调查的实证研究［J］. 经济问题探索，2018（06）：74－83.

［99］熊婕，腾洋洋. 农村异质性劳动力转移对城乡收入差距的影响机制与检验——基于刘易斯二元经济理论的推理和实证分析［J］. 中国人口科学，2010（S1）：31－40.

［100］胥艳花. 代际收入流动的经济学分析［J］. 商，2015（30）：248＋242.

［101］徐俊武，易祥瑞. 增加公共教育支出能够缓解"二代"现象吗——基于 CHNS 的代际收入流动性分析［J］. 财经研究，2014（11）：17－28.

[102] 徐丽，杨澄宇，吴丹萍．教育投资结构对居民收入代际流动的影响分析——基于OLG模型的政策实验［J］．教育经济评论，2017，2（04）：36－62.

[103] 徐世江．乡城迁移与城乡收入差距扩大化：人力资本异质性视角的解释［J］．农业经济，2013（03）：101－103.

[104] 徐舒，李江．代际收入流动：异质性及对收入公平的影响［J］．财政研究，2015（11）：23－33

[105] 徐晓红，曹宁．部门分割视角下的收入差距代际传递变动趋势［J］．贵州财经大学学报，2018（03）：93－101.

[106] 徐晓红．教育、职业对收入差距代际传递影响的实证分析［J］．统计与决策，2016（24）：99－102.

[107] 徐晓红．中国城乡居民收入差距代际传递变动趋势：2002—2012［J］．中国工业经济，2015（03）：5－17.

[108] 薛宝贵，何炼成．中国城乡收入差距代际传递及矫正［J］．河北学刊，2017，37（02）：128－132.

[109] 严斌剑，王琪瑶．城乡代际收入流动性的变迁及其影响因素分析［J］．统计与决策，2014（17）：91－95.

[110] 严斌剑，周应恒，于晓华．中国农村人均家庭收入流动性研究：1986－2010年［J］．经济学（季刊），2014，13（03）：939－968.

[111] 姚枝仲，周素芳．劳动力流动与地区差距［J］．世界经济，2003（04）：35－44.

[112] 杨娟，赖德胜，邱牧远．如何通过教育缓解收入不平等？［J］．经济研究，2015，50（9）：86－99.

[113] 杨娟，张绘．中国城镇居民代际收入流动性的变化趋势［J］．财政研究，2015（07）：40－45.

[114] 杨俊，黄潇，李晓羽．教育不平等与收入分配差距：中国的实证分析［J］．管理世界，2008（01）：38－47＋187.

[115] 杨瑞龙，王宇锋，刘和旺．父亲政治身份、政治关系和子女收入［J］．经济学（季刊），2010，9（03）：871－890.

[116] 杨新铭，邓曲恒．城镇居民收入代际传递现象及其形成机制——基于2008年天津家庭调查数据的实证分析［J］．财贸经济，2016（11）：47－61.

[117] 杨亚平，施正政．中国代际收入传递的因果机制研究［J］．上海经

济研究，2016（03）：61－72.

［118］杨云彦，褚清华．外出务工人员的职业流动、能力形成和社会融合［J］．中国人口·资源与环境，2013，23（01）：75－80.

［119］杨云彦．劳动力流动、人力资本转移与区域政策［J］．人口研究，1999（05）：9－15.

［120］杨云彦．中国人口迁移的规模测算与强度分析［J］．中国社会科学，2003（06）：97－107＋207.

［121］易莹莹．二元经济结构下代际收入流动性差异研究［J］．统计与决策，2012（09）：107－110.

［122］尹恒，李实，邓曲恒．中国城镇个人收入流动性研究［J］．经济研究，2006（10）：30－43.

［123］应瑞瑶，马少晔．城乡收入差距的再检验［J］．江苏社会科学，2010（5）：48－52.

［124］应瑞瑶、马少晔．劳动力流动、经济增长与城乡收入差距——基于1993—2007年重新估算的面板数据［J］．南京农业大学学报（社会科学版），2011，11（2）：63－71.

［125］于丹．中国城乡代际教育流动差异及其变迁［J］．未来与发展，2018，42（11）：93－97.

［126］袁磊．我国居民代际收入流动的实现路径——兼文献综述［J］．经济问题探索，2016（11）：173－181.

［127］袁志刚，李娜．中国农村劳动力转移对城乡收入差距影响的研究述评［J］．云南财经大学学报，2012（4）：71－79.

［128］翟晓璐，薛静，林依珣，周敏妍，何忠华．中国部分省份城乡居民代际收入流动研究［J］．高师理科学刊，2017，37（02）：23－26.

［129］张丹青，王兰会．健康对居民代际收入流动的影响［J］．市场研究，2018（10）：19－21.

［130］张锦华．我国欠发达地区教育公共投资低发展陷阱研究——基于代际传递的实证分析［J］．财经研究，2008，34（7）：98－109.

［131］张延吉，秦波，马天航．同期群视角下中国社会代际流动的模式与变迁——基于9期CGSS数据的多层模型分析［J/OL］．公共管理学报，2019，16（02）：105－119＋173－174.

[132] 赵伟，李芬. 异质性劳动力流动与区域收入差距：新经济地理学模型的扩展分析 [J]. 中国人口科学，2007 (1)：27 -35 +95.

[133] 赵占东. 代际收入流动与收入差距问题的一个文献综述 [J]. 商，2015 (27)：198.

[134] 甄小鹏，凌晨. 农村劳动力流动对农村收入及收入差距的影响——基于劳动异质性的视角 [J]. 经济学（季刊），2017，16 (03)：1073 -1096.

[135] 钟甫宁，何军. 中国农村劳动力转移的压力究竟有多大——一个未来城乡人口适当比例的模型及分析框架 [J]. 农业经济问题，2004 (05)：25 -29 +79.

[136] 钟甫宁. 劳动力市场调节与城乡收入差距研究 [J]. 经济学动态，2010 (04)：65 -69.

[137] 钟笑寒. 城乡移民与收入不平等：基于基尼系数的理论分析 [J]. 数量经济技术经济研究，2008 (08)：110 -122.

[138] 钟笑寒. 劳动力流动与工资差异 [J]. 中国社会科学，2006 (01)：34 -46 +206.

[139] 周波，苏佳. 财政教育支出与代际收入流动性 [J]. 世界经济，2012 (12)：41 -61.

[140] 周芳丽. 劳动力流动为何没有缩小城乡收入差距？[J]. 首都经济贸易大学学报，2019，21 (01)：78 -84.

[141] 周光霞，林乐芬. 农村劳动力流动与城市收入差距——基于集聚经济视角 [J]. 南京农业大学学报（社会科学版），2018，18 (01)：137 -148 +164.

[142] 周兴，王芳. 城乡居民家庭代际收入流动的比较研究 [J]. 人口学刊，2014，36 (02)：64 -73.

[143] 周兴，张鹏. 代际间的职业流动与收入流动——来自中国城乡家庭的经验研究 [J]. 经济学（季刊），2015，14 (01)：351 -372.

[144] 朱荃，吴頔. 国外代际收入流动性研究：综述与展望 [J]. 经济研究导刊，2011 (05)：1 -3.

[145] 朱晨. 职业代际继承与流动：基于中国人口普查数据的实证分析 [J]. 劳动经济研究，2017，5 (06)：87 -106.

[146] 朱云章. 城乡劳动力流动对收入差距变化的影响—机理分析与实证检验 [J]. 华东经济管理，2010 (11)：40 -44.

[147] 卓玛草，孔祥利．农民工留城意愿再研究——基于代际差异和职业流动的比较分析 [J]．人口学刊，2016，38 (03)：96－105.

[148] 邹薇，马占利．中国代际收入流动测度及致因 [J]．云南财经大学学报，2018，34 (02)：13－23.

[149] Atkinson A B. On Intergenerational Income Mobility in Britain [J]. Journal of Post Keynesian Economics, 1980, 3 (2): 194－218.

[150] Barro R J. Economic Growth in a Cross Section of Countries [J]. Quarterly Journal of Economics, 1991, 106 (2): 407－443.

[151] Becker G S, Tomes N. An Equilibrium Theory of the Distribution of Income and Intergenerational Mobility [J]. Journal of Political Economy, 1979, 87 (6): 1153－1189.

[152] Becker G S, Tomes N. Human Capital and the Rise and Fall of Families. [J]. Journal of Labor Economics, 1986, 4 (3): 1－39.

[153] Becker G S. Human Capital: A Theoretical and Empirical Analysis, with Special Reference to Education [M]. University Of Chicago Press, 1993.

[154] Becker G S. Human Capital Revisited [M]. The University of Chicago Press, 1994.

[155] Behrman J, Taubman P. Intergenerational Transmission of Income and Wealth [J]. American Economic Review, 2001, 66 (2): 436－440.

[156] Bjorklund A, Jantti M. Intergenerational Income Mobility in Sweden Compared to the United States [J]. American Economic Review, 1997, 87 (5): 1009－1018.

[157] Blau P M, Duncan O D. The American Occupational Structure [M]. New York: John Wiley, 1967.

[158] Bleakley H, Chin A. What Holds Back the Second Generation? [J]. Journal of Human Resources, 2008, 43 (2): 267－298.

[159] Bloome D et al. Educational Inequality, Educational Expansion, and Intergenerational Income Persistence in the United States [J]. American Sociological Review, 2018, 83 (6): 1215－1253.

[160] Bloome D. Income Inequality and Intergenerational Income Mobility in the United States [J]. Social Forces, 2015, 93 (3): 1047－1080.

[161] Borjas G J. The Intergenerational Mobility of Immigrants [J]. Journal of Labor Economics, 1993, 11 (1, Part 1): 113 - 135.

[162] Bowles S, Gintis H. The Inheritance of Inequality [J]. Journal of Economic Perspectives, 2002, 16 (3): 3 - 30.

[163] Caponi V. Intergenerational Transmission of Abilities And Self - selection of Mexican Immigrants [J]. International Economic Review, 2011, 52 (2): 523 - 547.

[164] Card E B D, Raphael S, Giulietti C. Immigration, Poverty, and Socioeconomic Inequality [J]. Journal of Children & Poverty, 2014, 22 (2): 187 - 194.

[165] Chadwick L, Solon G. Intergenerational Income Mobility Among Daughters [J]. American Economic Review, 2002, 92 (1): 335 - 344.

[166] Chen Y, Naidu S, Yu T, et al. Intergenerational Mobility and Institutional Change in 20th Century China [J]. Explorations in Economic History, 2015 (58): 44 - 73.

[167] Cong Z, Silverstein M. Intergenerational Exchange Between Parents and Migrant and Nonmigrant Sons in Rural China [J]. Journal of Marriage and Family, 2011, 73 (1): 93 - 104.

[168] Dustmann C. Return Migration, Investment in Children, and Intergenerational Mobility Comparing Sons of Foreign - and Native - Born Fathers [J]. Journal of Human Resources, 2008, 43 (2): 299 - 324.

[169] Eide E R, Showalter M H. Factors Affecting the Transmission of Earnings across Generations: A Quantile Regression Approach [J]. The Journal of Human Resources, 1999, 34 (2): 253 - 267.

[170] Elke L, Schwerdt G. Migration Background and Educational Tracking: Is there a Double Disadvantage for Second - Generation Immigrants? [J]. Cesifo Working Paper, 2010, 26 (2): 455 - 481.

[171] Esser H. Does the "New" Immigration Require a "New" Theory of Intergenerational Integration? [J]. International Migration Review, 2004, 38 (3): 1126 - 1159.

[172] Glass D V. Social Mobility in Britain [J]. Population (French Edition), 1954, 9 (4): 776.

[173] Goldthorpe J H, Llewellyn C and Payne C. Social Mobility and Class Structure in Modern Britain. Oxford: Oxford University Press, 1980.

[174] Gong H, Leigh A, Meng X. Intergenerational Income Mobility in Urban China [J]. Review of Income and Wealth, 2012, 58 (3): 481 -503.

[175] Johnson D G. Economic Reforms in the People's Republic of China [J]. Economic Development and Cultural Change, 1988, 36 (3): 225 -245.

[176] Lee C I, Solon G. Trends in Intergenerational Income Mobility [J]. Review of Economics and Statistics, 2009, 91 (4): 766 -772.

[177] Lefranc A, Trannoy A. Intergenerational earnings mobility in France: Is France more mobile than the US? [J]. ANNALES D'ECONOMIE ET DE STATISTIQUE, 2005 (78): 57 -77.

[178] Lewis W A. Economic Development With Unlimited Supplies of Labour [J]. The Manchester School, 1954, 22 (2): 139 -191.

[179] Liu J T, James K H, Jeng L. Family Background and Returns to Schooling in Taiwan [J]. Economics of Education Review, 2000, 19 (1): 113 -125.

[180] Lin J Y, Wang G, Zhao Y. Regional Inequality and Labor Transfers in China [J]. Economic Development and Cultural Change, 2004, 52 (3): 587 -603.

[181] Mason A, Martin L G. Intergenerational Differences in Income: An Analysis of Japan [J] Population & Development Review, 1982, 8 (1): 179 -191.

[182] Masson P R. Migration, Human Capital, and Poverty in a Dual - Economy of a Developing Country [J]. IMF, Working Paper WP/01/28, 2001.

[183] Mincer J. Investment in Human Capital and Personal Income Distribution, Journal of Political Economy, 1958, 66 (4): 281 -302.

[184] Murtazashvili I. An alternative measure of intergenerational income mobility based on a random coefficient model [J]. Journal of Applied Econometrics, 2012, 27 (7): 1163 -1173.

[185] Nauck B. Social Capital, Intergenerational Transmission and Intercultural Contact in Immigrant Families [J]. Journal of Comparative Family Studies, 2001, 32 (4): 465 -488.

[186] Pekkarinen T, Uusitalo R, Kerr S. School Tracking and Intergenerational Income Mobility: Evidence from the Finnish Comprehensive School Reform [J]. Jour-

nal of Public Economics, 2009, 93 (7): 965 -973.

[187] Peters Elizabeth H. Patterns of Intergenerational Mobility in Income and Earnings [J]. The Review of Economics and Statistics, 1992, 74 (3): 456.

[188] Prais S J. Measuring Social Mobility [J]. Journal of the Royal Statistical Society Series A (General), 1955, 118 (1): 56.

[189] Ranis G, Fei J C. A theory of economic development [J]. American Economic Review, 1961, 51 (4): 533 -565.

[190] Restuccia D. Barriers to Capital Accumulation and Aggregate Total Factor Productivity [J]. International Economic Review, 2004, 45 (1): 225 -238.

[191] Samuelson P, William D. Microeconomics. 13th edition. McGraw - Hill, New York, 1989.

[192] Schultz T W. Transforming Traditional Agriculture [M], Yale University Press, New Haven, 1964.

[193] Solon G. Intergenerational Income Mobility in the United States [J]. The American Economic Review, 1992, 82 (3): 393 -408.

[194] Solon G. Intergenerational Mobility in the Labor Market [J]. Handbook of Labor Economics, 1999, 3 (1): 1761 -1800.

[195] Todaro M P. A Model of Labor Migration and Urban Unemployment in Less Developed Countries. American Economic Review, 1969 (59): 138 -148.

[196] Todaro M P. Economic Development in the Third World [M]. Longman Inc, New York, The United States of America, 1981.

[197] Whalley J, Zhang S. A numerical simulation analysis of (Hukou) labour mobility restrictions in China [J]. Journal of Development Economics, 2007, 83 (2): 392 -410.

[198] Wilson C, Tomáš S, Williamson L, et al. Migration and Intergenerational Replacement in Europe [J]. Population and Development Review, 2013, 39 (1): 131 -157.

[199] Zimmerman D J. Regression toward Mediocrity in Economic Stature [J]. The American Economic Review, 1992, 82 (3): 409 -429.